知的障害のある子どものための国語、算数・数学

「ラーニングマップ」から学びを創り出そう

編　著

山元　薫・笹原　雄介

はじめに

　筆者は、知的障害特別支援学校で、長く教員をしてきました。その中で、知的障害の専門性について学ぶ機会は、校内研修やその他の研修会への参加はもちろんのこと、OJT（On-the-Job Training）として先輩方から児童生徒の実態把握の仕方、授業のつくり方、教材教具の工夫、評価の仕方等、様々なことを学んできました。しかしながら、近年、知的障害のある児童生徒の増加や若手の先生の増加が叫ばれている中で、知的障害の専門性を担保しつつ、教科等の本質を追究した授業を実践することが難しい状況になってきています。例えば、ある県における先生方のアンケートでは、「自信をもって教科別の指導をしている」「自信をもって、各教科等を合わせた指導の指導をしている」と回答する教員が4分の1程度になっている状況です。

　そこで、共同研究者である笹原氏と一緒に、知的障害教育に関わる先生方に、知的障害のある児童生徒たちの学び方の特徴や発達的基盤と知的障害のある児童生徒のための教科の関係を明らかにし、先生方の専門性の向上につながる一冊になればと願い研究に着手し、知的障害の国語と算数・数学の内容を発達や特性を基に段階ごとに整理した「ラーニングマップ」を開発しました。

　本書の第1章は、「ラーニングマップ」の特徴を示しています。ここでは、特別支援学校学習指導要領解説各教科等編（小学部・中学部）（文部科学省, 2018）の国語、算数・数学に記載されている内容を、各教科の系統性に照らして示した「ラーニングマップ」の特徴について書いてあります。学習指導要領解説を何回読んでも、授業に結び付かないという感想をお持ちの先生方は、ぜひ、このマップを参考に、指導する児童生徒の学習状況を把握して、次にどのような学習内容を組もうかと、イメージを膨らましてみてください。

　第2章は、小学部1段階から中学部2段階までの、国語、算数・数学の「ラーニングマップ」を掲載しています。各段階のページをつなげてみていただくと、国語では、「言葉」の存在に気付くところから言葉が「思考の道具」になるところまで、算数・数学では、「物」の存在に気付くところから、数学的概念の萌芽までを明らかにした、「ラーニングマップ」が一目で分かるようになっています。先生も保護者も本人も、今の学びがどこに向かっているのか、共通理解をして学びを進めることができます。

　第3章は、知的障害のある児童生徒の各段階における発達の特徴、教科の学習内容、学習のポイントを示しています。学習指導要領では段階として示されていますが、本章では、段階と知的障害のある児童生徒の発達的基盤と教科の学習内容との関連を明らかにしました。「ラーニングマップ」だけ見ていても、知的障害の専門性の向上にはつながりません。第3章の内容を理解しつつ、「ラーニングマップ」の活用をしていただくことをお願いします。

　第4章・第5章では、「ラーニングマップ」の具体的な活用方法と実践例を示しています。どのように使用するのか、マップを見ればすぐに使用方法を思いつかれる先生方も多いかと思いますが、私たちの研究の中で、有効であった実践（実態把握、目標の設定、学習評価、単元構想へのヒント等）を報告します。

　最後に、知的障害のある児童生徒のための国語、算数・数学の内容を、指導する教員が理解

できると、各教科等を合わせた指導の授業や評価の質も向上すると考えています。そして、知的障害のある児童生徒ですので、取り扱う題材や教材等は子どもたちの生活から設定することが大切です。ですから、「子どもたちの生きる像（生活像）」をどのように捉えるかもとても大切になります。視野を広く持ち、「生活」「発達」「系統性」の三軸で広く捉え、指導目標や指導内容を設定していくことが大切だと考えています。

　本書は、学校組織全体にも教員一人一人にも、専門性の向上といった面から役立てる一冊と考えております。ぜひとも、ご活用ください。

令和2年9月

山元　薫

笹原　雄介

目　次

はじめに

第5章　ラーニングマップの活用事例

引用・参考文献

発刊に寄せて

編著者紹介・研究協力校

第1章

ラーニングマップの
特徴

第1章　ラーニングマップの特徴

　特別支援学校学習指導要領解説各教科等編（小学部・中学部）（文部科学省、2018）に示されている各教科の段階の内容は、段階の目標を達成するために必要な内容として、児童生徒の生活年齢を基盤とし、知的能力や適応能力及び概念的な能力等を考慮しながら段階ごとに配列されているものです。解説書を読んでみると、一つ一つの内容は理解できるものの、内容のつながりをどのように理解すればいいのか、目標や内容のスモールステップの設定の仕方、生活場面からの教材化など、実際に活用する際には、指導者側の専門性に委ねられている面が大きいです。そこで、筆者らは、知的障害の教育に関わる全ての先生方が教科別の指導に取り組みやすいように、各段階の解説に記載されている目標や学習内容を、複数の発達指標を参照しつつ、関連ある学びごとに系統立てて整理し、「ラーニングマップ」を作成しました。

1　「ラーニングマップ」の開発について

(1) 学習指導要領の言葉をそのまま活用

　ラーニングマップの開発にあたっては、学習指導要領解説に記載されている目標や学習内容に関する記述を分節化しました（**図1-1**）。一つ一つカードに置き換えて、複数の発達指標と教科の系統性を照らし合わせながら、学習内容の関係を明らかにしました。

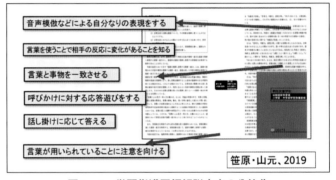

図1-1　学習指導要領解説内容の分節化

　ラーニングマップのカードには、学習指導要領の言葉を使用しているので、ラーニングマップの言葉をそのまま、学習状況の実態把握、学習目標、学習評価に使用することができます。

(2) 知的障害のある児童生徒の国語、算数・数学の教科の系統性を整理

　学習指導要領の内容を分節化したカードを、発達の順序性に基づいて、国語では「聞くこと・話すこと」、「書くこと」、「読むこと」それぞれの文節の意味内容を比較し、同じ発達段階で示しました（**図1-2**）。同様の手順で、算数・数学では、小学部1段階では、「数量の基礎」、「数と計算」、「測定」、「図形」、

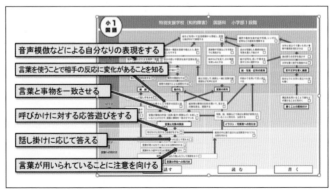

図1-2　各領域での系統性の整理

小学部２段階から中学部１段階までは、「数と計算」、「測定」、「図形」、「データの活用」、中学部２段階では、「数と計算」、「図形」、「データの活用」、「変化と関係」それぞれの領域で整理しました。

(3)「ラーニングマップ」の構造

　「ラーニングマップ」の縦軸は、各段階で示される目標や内容のまとまりと、その背景にある言語や認知、コミュニケーションに関する発達的基盤の比較から、各段階に3つのSTEPを設定しました（**図１－３**）。このSTEPを設定することで、知的障害のある児童生徒一人一人の学び方と学習内容の両方を把握することが可能になりました。

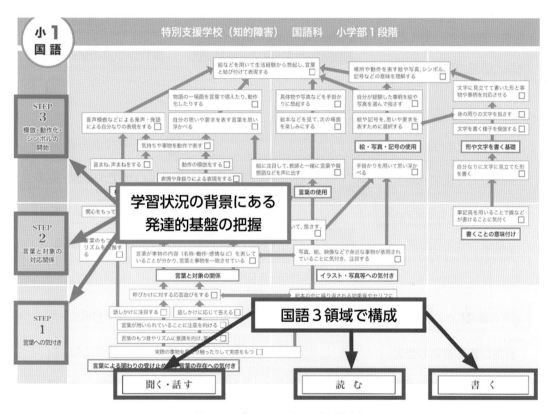

図1-3　「ラーニングマップの構造」

2　知的障害のある児童生徒の国語、算数・数学の学習内容と発達課題の関係

　「中核となる学習内容と発達的基盤」（**図１－４**）は、学習指導要領が示す各段階と発達課題との関連、国語、算数・数学の中核的な学習内容の関係性を整理した図です。これは、「ラーニングマップ」の作成の根拠となる図です。すべての「ラーニングマップ」は、この考え方を基に整理されています。

　この関係性を明らかにしたことで、知的障害のある児童生徒の一人一人の学び方と学習内容を把握し、近接の目標や適した評価の設定を可能にしました。

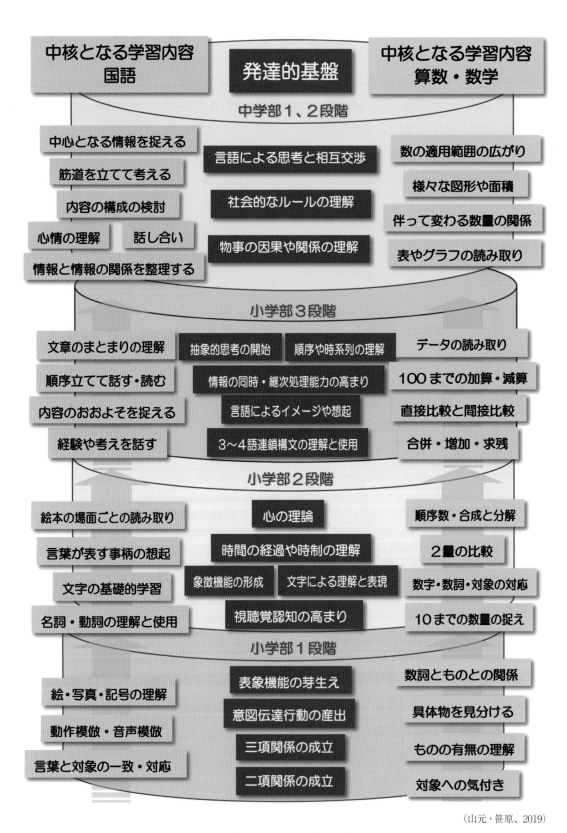

（山元・笹原、2019）

図1−4　中核となる学習内容と発達的基盤

3　「ラーニングマップ」活用のメリット

メリット1　知的障害のある児童生徒のための国語、算数・数学の**教科の系統性**が分かる

☆第2章参照

メリット2　知的障害のある児童生徒の**学び方**が分かる

☆第2章参照

メリット3

児童生徒の**学習到達度・学習状況を把握**することができる

☆第4章参照

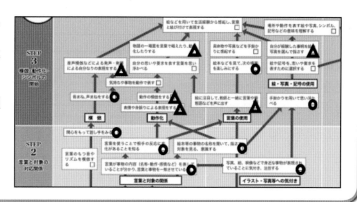

メリット4

目標（個別の指導計画、授業目標、単元目標等）の設定ができる

☆第4章参照

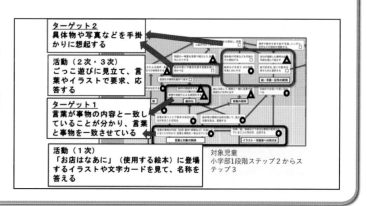

メリット5　**単元構想**（単元デザイン）へのヒントが得られる

☆第5章参照

メリット6　**年間指導計画**へのヒントが得られる

☆第5章コラム参照

Column コラム

コラム① 知的障害教育における教育課程

知的障害教育では、学習指導要領で教科の内容は示しつつも、実際の教育課程では、「各教科等を合わせた指導」の指導形態で指導しているという2重構造（**図1-5**）になっていることが多いです。

これまで、知的障害のある児童生徒の教育を行う特別支援学校では、学校教育法施行規則第130条第2項で規定されているように、「各教科等を合わせた指導」である「日常生活の指導」「遊びの指導」

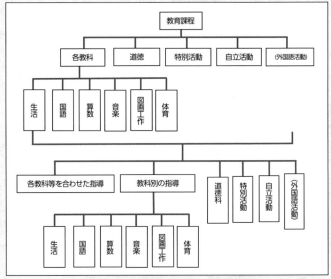

図1-5 2重構造図（平成29年度版学習指導要領・小学部編）
（山元・笹原、2018）

「生活単元学習」「作業学習」を教育課程の中核として実践してきています。それは、知的障害のある児童生徒は、生活を基盤として、学習や生活の流れに即して学んでいくことが効果的であるからです。また、知的障害教育の対象者である児童生徒の増加や、特別支援学校に在籍する児童生徒の重度重複化、規模の肥大化に対し、多くの特別支援学校は、この「各教科等を合わせた指導」の設定時間や指導内容を工夫することで対応していることが明らかになっています（山元・水野・野﨑、2018）。

特別支援学校学習指導要領（小学部・中学部）第1章第3節の3の（3）指導計画の作成等に当たっての配慮事項のアの（オ）（平成29年）では、各教科等を合わせて指導する場合は、各教科、道徳科、外国語活動、特別活動及び自立活動に示す内容を基に、児童又は生徒の知的障害の状態や経験等に応じて、具体的に指導内容を設定することを示しました。また、各教科等の内容の一部又は全部を合わせて指導を行う場合には、授業時数を適切に定めることを示しています。あわせて、同解説各教科等編（平成30年）では、教科別に指導を行う場合でも、各教科等を合わせて指導を行う場合でも、各教科の目標に準拠した評価の観点による学習評価の必要性が指摘されていることからも、各教科等の内容を指導者である教員が理解しておくことは、これまで以上にとても大切なこととなっています。

第2章

ラーニングマップ

知的障害のある児童生徒のための
国語、算数・数学 の
授業づくり
- 教科の系統的な学びのみちしるべ -

特別支援学校（知的障害）小学部・中学部 『ラーニングマップ』

『ラーニングマップ』について

授業づくりツール『ラーニングマップ』は、児童生徒一人一人の 国語、算数・数学 における 学習状況を評価し、どの段階まで到達しているのかを明らかにする実態把握ツールです。国語では「聞くこと・話すこと」、「読むこと」、「書くこと」、算数・数学では「数量の基礎」、において **それぞれの学習状況と課題を明確** にし、**どの段階の目標、学習内容を扱うことが適切であるか、アセスメントすることができます。**

『ラーニングマップ』は、平成 29 年度に告示された特別支援学校学習指導要領及び解説 の記述内容を分析し、教科の系統性と発達の段階性に沿ってフローチャート化したものです。各教科の各段階の記述内容を複数の発達 指標と照らし合わせ、言語・認知の高まりの過程に沿って段階ごとの学習内容を示しています。

『ラーニングマップ』の活用により、以下のような実践上のメリットが想定されています。
・児童生徒一人一人の国語における学習状況の評価を効率的に、精緻に行うこと。
・実態把握に基づき、適切な段階の目標設定、学習内容の選定ができること。
・段階ごとの学び方、発達的基盤を踏まえた支援や授業づくりの工夫ができること。
・単元における学習経過の形成的評価や、単元後の総括的評価に活用できること。

多様な実態の児童生徒 一人一人の学び方に沿った授業づくり・授業実践のために、ご活用ください。

イラスト 静岡大学教職大学院 島田 直人

静岡大学教育学部
山元 薫
問い合わせ先 yamamoto.kaoru@shizuoka.ac.jp

静岡大学教職大学院
笹原 雄介
（平成 30 年度・令和元年度 現職派遣）

特別支援学校（知的障害） 国語科 中学部1段階（書くこと・読むこと）

中1 国語

自分の思いや考えをまとめたり、相手に分かりやすく伝えたりする

言葉で様々な情報を得たり、人の思いややさしさに触れたりする

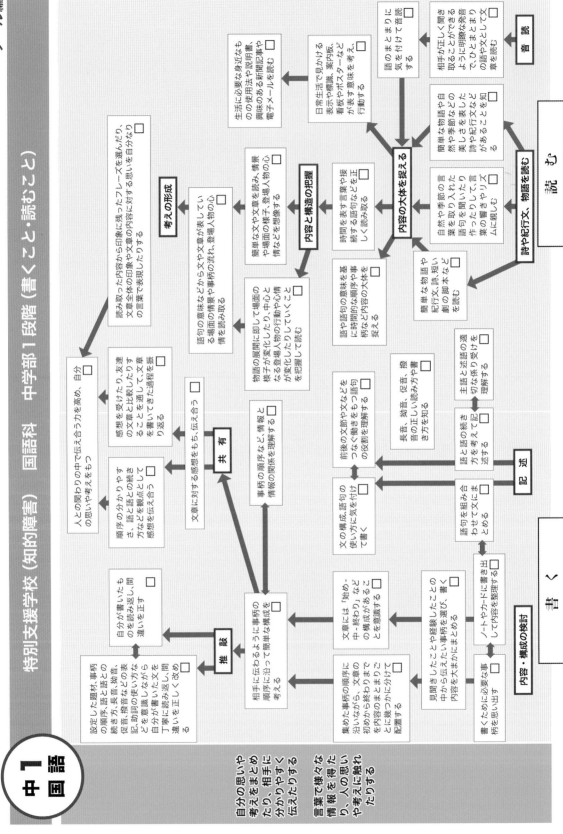

読む

音読
- 語のまとまりに気を付けて音読する □
- 相手が正しく聞き取ることができるように明瞭な発音などで、まとまりのある音やまとまりとして文章を読む □

詩や紀行文、物語を読む
- 簡単な物語などの自然の美しさを表した詩や紀行文などがあることを知る □
- 自然を表す季節の言葉を取り入れたり、語句を聞いたりして、言葉の響きやリズムに親しむ □
- 簡単な物語や詩、短い劇の脚本などを読む □

内容の大体を捉える
- 生活に必要な身近なものの使用方法や説明書、興味のある新聞記事や電子メールを読む □
- 日常生活で見かける表示や標識、案内板、看板やポスターなどが表す意味を考え、行動する □
- 時間を表す言葉や接続する語句などを正しく読み取る □

内容と構造の把握
- 簡単な文や文章を読み、情景、場面の様子や、登場人物の心情などを想像したりする □
- 語や語句の意味を基に時間的な順序や事柄などから内容の大体を捉える □
- 物語の展開に即して場面の様子が変化したり、中心となる登場人物の行動や心情が変化したりしていくことを把握して読む □

考えの形成
- 読み取った内容から印象に残ったフレーズを選んだり、文章全体の印象や文章の内容に対する思いを自分から言葉で表現したりする □
- 語句の意味などから文や文章が表している場面の情景や事柄の流れ、登場人物の心情を読み取る □

共有
- 文章に対する感想をもち、伝え合う □
- 人との関わりの中で伝え合う力を高め、自分の思いや考えをもつ □
- 感想を受け付けたり、友達の文章と比較したりることを通して、文章を書いてきた過程を振り返る □
- 順序の分かりやすさ、語と語との続け方など観点として感想を伝え合う □

書く

記述
- 主語と述語の適切な係りを理解する □
- 語と語の続き方を考えて記述する □
- 長音、拗音、促音、撥音の正しい読み方や書き方を知る □
- 語句を組み合わせて文にまとめる □

内容・構成の検討
- 前後の文節や文章などをつなぐ働きをもつ語句の役割を理解する □
- 文の構成、語句の使い方に気を付けて書く □
- ノートやカードに書き出して内容を整理する □
- 見聞きしたことや経験したことの中から伝えたい事柄を選び、書く内容を大体まとめる □
- 書くために必要な事柄を思い出す □

推敲
- 文章には「始め-中-終わり」などの構成があることを意識する □
- 相手に伝わるように事柄の順序に沿って簡単な構成を考える □
- 自分が書いたものを読み返し、間違いを正す □
- 設定した題材と事柄の順序、語と語との続き方、長音、拗音、促音、撥音、記号、助詞の使い方などの表し方を意識しながら自分が書いた文を丁寧に読み返し、間違いを正しく読み違いを改める □
- 集めた事柄の順序に沿いながら、文章の初めから終わりまでを内容のまとまりごとにいくつかに分けて配置する □

特別支援学校（知的障害） 国語科 『ラーニングマップ』

特別支援学校（知的障害） 国語科　小学部３段階

小3 国語

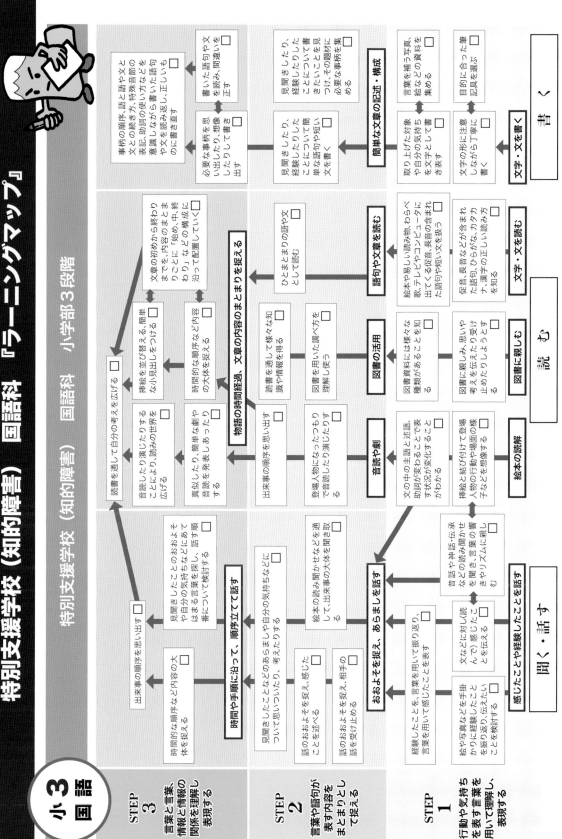

STEP 3
言葉と言葉、情報と情報の関係を理解し、表現する

STEP 2
言葉や語句が表す内容を表す言葉でまとまりとして捉える

STEP 1
行動や気持ちを表す言葉を用いて理解し、表現する

聞く・話す

- 感じたことや経験したことを話す
- おおよそを捉え、あらましを話す
- 時間や手順に沿って、順序立てて話す

読む

- 絵本の読解
- 音読や劇
- 図書の活用
- 語句や文章を読む
- 文字・文を読む
- 図書に親しむ
- 物語の時間経過、文章の内容のまとまりを捉える

書く

- 簡単な文章の記述・構成
- 文字・文を書く

特別支援学校（知的障害）　国語科　中学部１段階（聞くこと・話すこと）

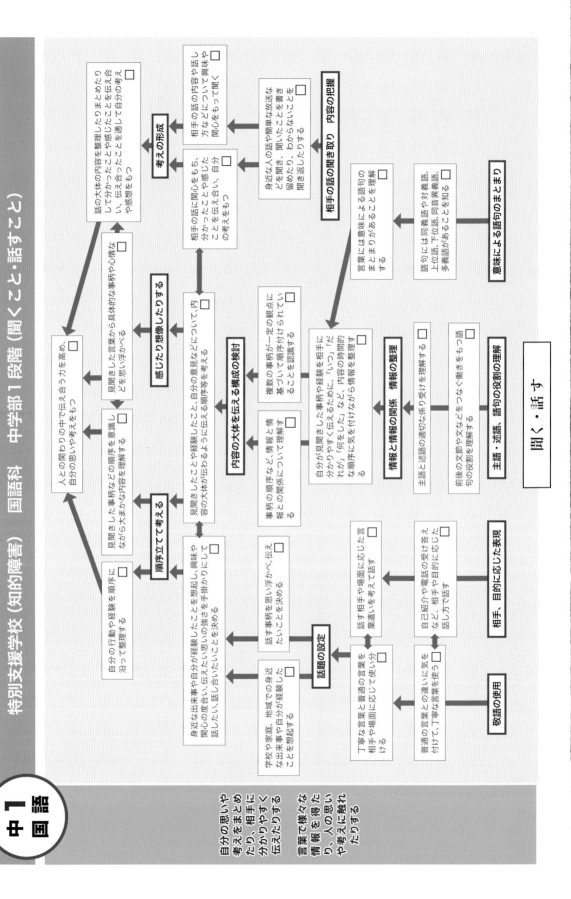

特別支援学校（知的障害）　国語科　小学部2段階

小2
国語

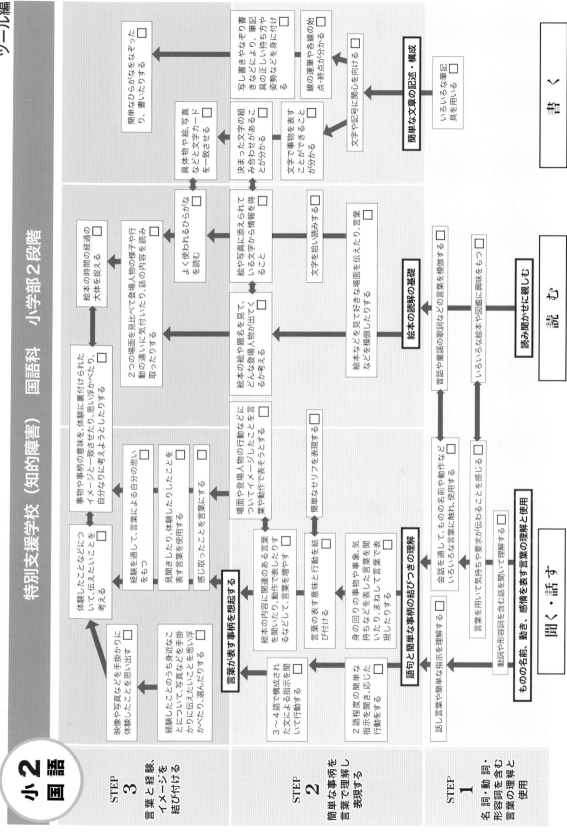

STEP 3　言葉と経験、イメージを結び付ける

STEP 2　簡単な事柄を言葉で理解し表現する

STEP 1　名詞・動詞・形容詞を含む言葉の理解と使用

書く

読む

聞く・話す

特別支援学校（知的障害）　国語科　中学部2段階（書くこと・読むこと）

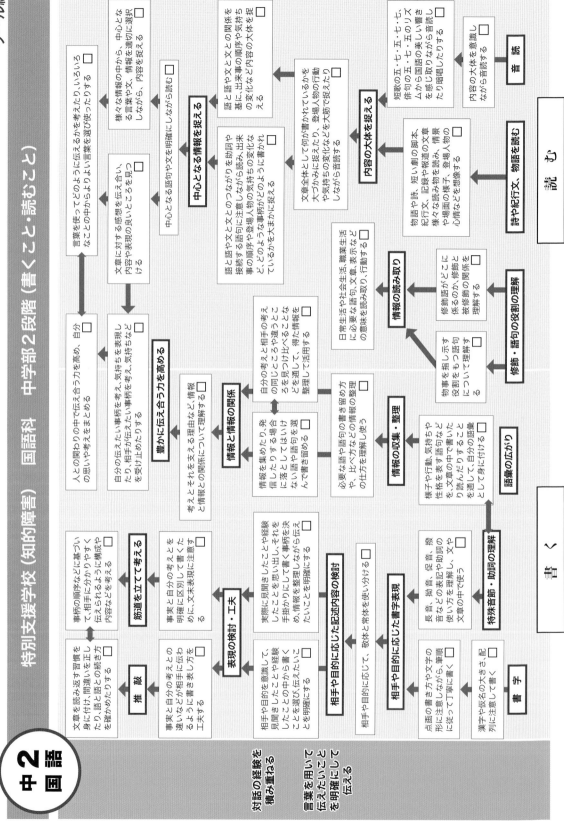

読　む

詩や紀行文、物語を読む

音読
- 内容の大体を意識しながら音読する □
- 短歌の五・七・五・七・七、俳句の五・七・五のリズムから国語の美しい響きを感じ取りながら音読したり暗唱したりする □

内容の大体を捉える
- 物語や詩、短い劇の脚本、紀行文、記録や報道の文章、横々な読み物を読み、情景や場面の様子、登場人物の心情などを想像する □
- 文章全体として何が書かれているかを大づかみに捉えたり、登場人物の行動や気持ちの変化などを大筋で捉えたりしながら音読する □
- 語と語や文と文とのつながりを助詞や接続する語句に注意しながら読み、出来事の順序や登場人物の気持ちなどがどのように変化しているかを大まかに捉える □

中心となる情報を捉える
- 中心となる語句や文を明確にしながら読む □
- 文章に対する感想を伝え合い、内容や表現の良いところを見つける □
- 様々な情報の中から、中心となる言葉や、情報を適切に選択しながら、内容を捉える □
- 語と語や文と文との関係を考えながら、内容を捉える □
- 言葉を使ってどのように伝えるかを考えたり、いろいろな言葉の中からよりよい言葉を選び使ったりする □

情報の読み取り
- 日常生活や社会生活、職業生活に必要な語句、文章、表示などの意味を読み取り、行動する □

修飾・語句の役割の理解
- 物事を指し示す語句の役割について理解する □
- 修飾語がどこに、修飾の関係を理解する □

情報と情報の関係
- 自分の考えと相手の考えの同じところや違っているところを見つけ比べることなどを通して理解を整理して活用する □

豊かに伝え合う力を高める
- 考えとそれを支える理由など、情報と情報との関係について理解する □

書　く

語彙の広がり
- 様子や行動、気持ちや性格を表す語句などを、文章の中で書いたり読んだりすることを通して、自分の語彙として身に付ける □

情報の収集・整理
- 情報を集めたり、発信したりする場合に、必要な語や語句の書き留め方や、比べ方などの情報の整理の仕方を理解し使う □

特殊音節・助詞の理解
- 長音、拗音、促音、撥音などの表記や助詞の使い方を理解し、文や文章の中で使う □

相手や目的に応じた書写表現
- 相手や目的に応じて、敬体と常体を使い分ける □

記述内容の検討
- 実際に見聞きしたことや経験したことを思い出し、伝えることを手掛かりにして書く □
- 相手や目的を意識して、見聞きしたことや経験したことの中から伝えたいことを明確にする □
- 相手や目的に応じて記述内容の検討 □

筋道を立てて考える
- 事柄の順序などに沿って、相手に分かりやすく伝えられるように構成や内容などを考える □
- 事実と自分の考えとを区別して、文章で明確に表現する □

表現の検討・工夫
- 事実と自分の考えとを違いなどが相手に伝わるように書くことを明確にする □
- 自分の考えとそれを支える理由など、情報と情報との関係を整理して選んで言葉を選ぶ □

推敲
- 文章を読み返す習慣を身に付け、間違いを正したり、語と語との続き方を確かめたりする □

書字
- 漢字や仮名の大きさや配列に注意して書く □
- 点画の書き方や文字の形に注意しながら、筆順に従って丁寧に書く □

対話の経験を積み重ねる
- 人との関わりの中で伝え合う力を高め、自分の思いや考えをまとめる □

言葉を用いて伝えたいことを明確にして伝える
- 自分の伝えたい事柄を考え、気持ちを伝え合ったり、相手が伝えたい事柄を考え、気持ちを見とめたりする □

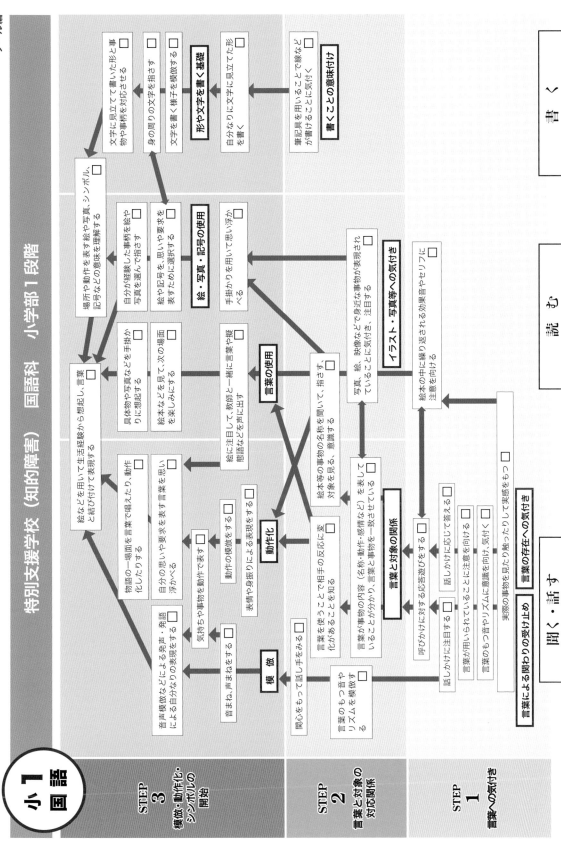

特別支援学校（知的障害）　国語科　小学部１段階

小1 国語

STEP 3 模倣・動作化・シンボルの開始

形文字を書く〈基礎〉
- 文字に見立てて書いた形と事物や事柄を対応させる □
- 身の周りの文字を指さす □
- 文字を書く様子を模倣する □

書くことの意味付け
- 自分なりに文字に見立てた形を書く □
- 筆記具を用いることで線などが書けることに気付く □

- 場所や動作を表す絵や写真、シンボル、記号などの意味を理解する □
- 自分が経験した事柄を絵や写真を選んで指さす □
- 絵や記号を、思いや要求を表すために選択する □
- 具体物や写真などを手掛かりに想起する □
- 絵本など見て、次の場面を楽しみにする □
- 絵などを用いて生活経験から想起し、言葉と結び付けて表現する □
- 物語の一場面を言葉で唱えたり、動作化したりする □
- 自分の思いや要求を表す言葉を思い浮かべる □
- 絵に注目して、教師と一緒に言葉や擬態語などを声に出す □

動作化
- 動作の模倣を通して表す □
- 表情や身振りによる表現をする □

模倣
- 音声模倣などによる発声・発語による自分なりの表現をする □
- 気持ちや事物を動作で表す □
- 音まね、声まねをする □
- 言葉のもつ音やリズムを模倣する □

STEP 2 言葉と対象の対応関係

絵・写真・記号の使用
- 手掛かりを用いて思い浮かべる □

言葉の使用
- 絵本等の事物の名称を聞いて、指さす、対象を見る、意識する □

言葉と対象の関係
- 言葉が事物の内容（名称・動作・感情など）を表していることが分かり、言葉と事物を一致させている □
- 言葉を使うことで相手の反応に変化があることを知る □
- 言葉が事物とつながることから分かり、言葉と事物を表している □

STEP 1 言葉への気付き

イラスト・写真等への気付き
- 写真、絵、映像などで身近な事物が表現されていることに気付き、注目する □
- 絵本の中に繰り返される効果音やセリフに注意を向ける □

言葉の存在への気付き
- 呼びかけに対する応答遊びをする □
- 話しかけに応じて答える □
- 話しかけに注目する □
- 言葉が用いられていることに注意を向ける □
- 言葉のもつ音やリズムに意識を向け、気付く □

言葉による関わりの受け止め
- 関心をもって話し手をみる □
- 実際の事物を見たり触ったりして実感をもつ □

書く

読む

聞く・話す

特別支援学校（知的障害）　国語科　中学部２段階（聞くこと・話すこと）

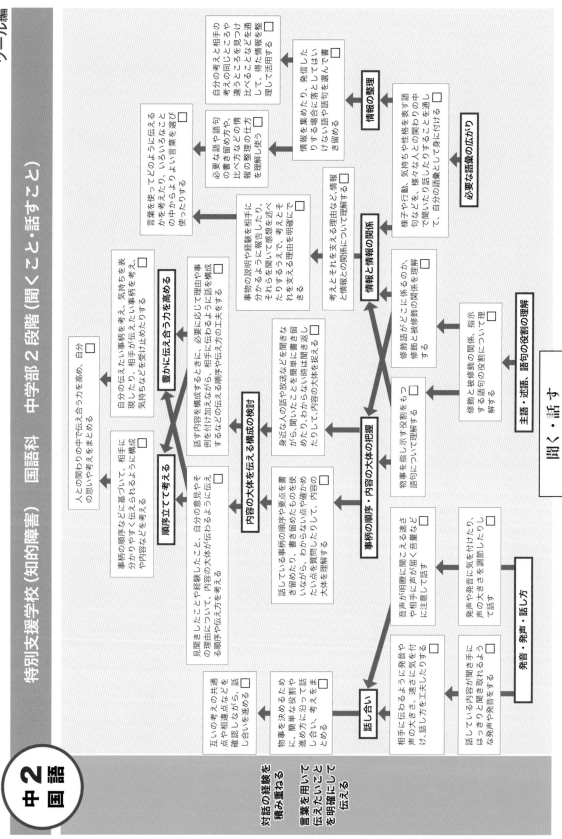

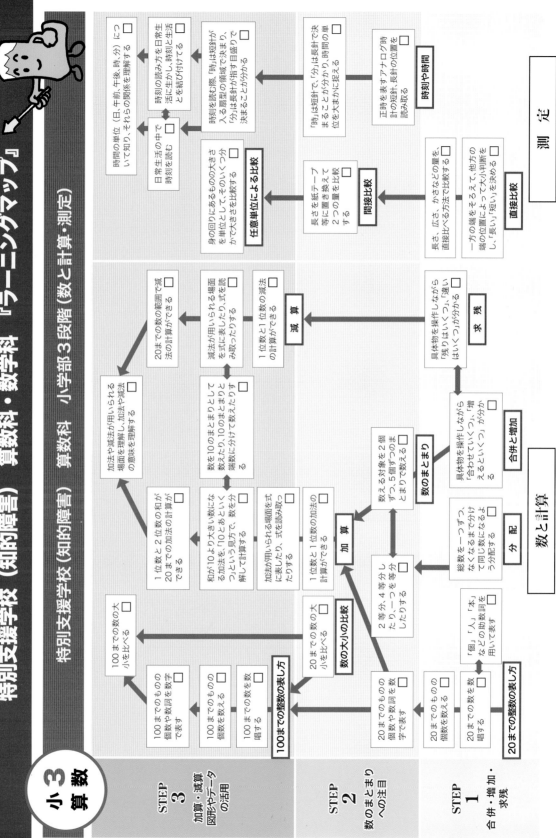

特別支援学校（知的障害）　算数科・数学科　『ラーニングマップ』

特別支援学校（知的障害）　算数科　小学部3段階（数と計算・測定）

測　定

時刻や時間

- 正時を表すアナログ時計の短針、長針の位置を読みとる □
- 「時」は短針で、「分」は長針で決まることが分かり、時間の単位を大まかに捉える □
- 「時」は短針で、「分」は長針が入る扇型の領域で決まり、「分」は長針が指す目盛りで決まることが分かる □
- 時刻の読み取りを生活に生かし、時刻と生活とを結び付けできる □
- 時刻の読み方を日常生活に生かし、時刻と生活とを結び付けできる □
- 時間の単位（日、午前、午後、時、分）について知り、それらの関係を理解する □
- 日常生活の中で時間を知り、時刻を読む □

間接比較

- 長さを紙テープ等に置き換えて2つの量を比較する □
- 身の回りにあるものの大きさを単位としてそのいくつ分かで大きさを比較する □

直接比較

- 長さ、広さ、かさなどの量を、直接比べる方法で比較する □
- 一方の端をそろえて、他方の端の位置によって大小を判断し、「長い」「短い」を決める □

数と計算

求　残

- 具体物を操作しながら「残りはいくつ」に分かる □
- 具体物を操作しながら「残りはいくつ」、「違いはいくつ」かが分かる □

減　算

- 1位数と1位数の減法の計算ができる □
- 減法が用いられる場面を式に表したり、式を読み取ったりする □
- 20までの数の範囲で減法の計算ができる □

合併と増加

- 具体物を操作しながら、「合わせていくつ」、「増えるといくつ」かが分かる □

加　算

- 1位数と1位数の加法の計算ができる □
- 加法が用いられる場面を式に表したり、式を読み取ったりする □
- 和が10より大きい数になる加法を「10とあといくつ」という見方で、数を分解して計算する □
- 1位数と2位数の加法の計算ができる □
- 加法や減法が用いられる場面を理解し、加法や減法の意味を理解する □

分　配

- 総数を一つずつ、なくなるまで分けて同じ数になるように配分する □

数のまとまり

- 数える対象を2個ずつ、5個ずつのまとまりで数える □
- 数を10のまとまりとして数えたり、10のまとまりや端数に分けて数えたりする □

数の大小の比較

- 20までの数の大小を比べる □
- 2等分、4等分したり一つ分を等分したりする □
- 100までの数の大小を比べる □

20までの整数の表し方

- 20までのものの個数を数える □
- 20までのものの個数や数詞を数字で表す □
- 20までの数を唱える □
- 「個」「人」「本」などの助数詞を用いて数を表す □

100までの整数の表し方

- 100までのものの個数を数える □
- 100までのものの個数や数詞を数字で表す □
- 100までの数を唱する □

小3　算数

STEP 3
加算・減算
図形やデータの活用

STEP 2
数のまとまりへの注目

STEP 1
合併・増加・求残

特別支援学校（知的障害）　数学科　中学部1段階（図形・データの活用）

中1数学

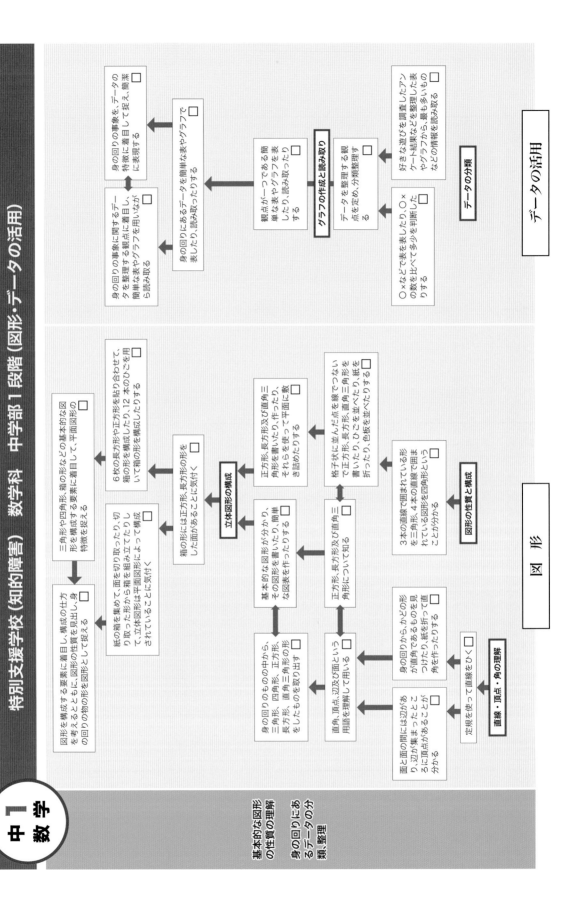

データの活用

データの分類

グラフの作成と読み取り

- 身の回りの事象をデータと捉え、簡潔に表現する
- 身の回りの事象に関するデータの特徴に着目し、簡潔に表現する
- 身の回りの事象に関するデータを整理する観点に着目し、簡単な表やグラフを用いながら読み取る
- 身の回りにあるデータを簡単な表やグラフで表したり、読み取ったりする
- 観点がいくつかである簡単な表やグラフを表したり、読み取ったりする
- データを整理する観点を定め、分類整理する
- 好きな遊びを調査したアンケート結果などを整理した表やグラフから、最も多いものなどの情報を読み取る
- ○×などで表を比べて多少を判断したり、○×の数を比べて多少を表したりする

図　形

- 図形を構成する要素に着目し、構成の仕方を考えるとともに、図形の性質を見出し、身の回りの物の形を図形として捉える
- 三角形や四角形などの基本的な図形を構成する要素に着目し、平面図形の特徴を捉える

立体図形の構成

- 6枚の長方形や正方形を貼り合わせて、箱の形を構成したり、12本の棒を用いて箱の形を作って平面に敷き詰めたりする
- 箱の形には正方形、長方形をした面があることに気付く
- 紙の箱を集めて、面を切り取ったり、切り取った形から箱を組み立てたりして、立体図形は平面図形によって構成されていることに気付く

図形の性質と構成

- 正方形、長方形及び直角三角形を角形を作ったり、それらを使って平面にさきつめたりする
- 格子状に並んだ点を線でつないで正方形、長方形、直角三角形を書いたり、ひごを並べたり、色板を並べたりする
- 基本的な図形が分かり、その図形を書いたり、簡単な図表を作ったりする
- 正方形、長方形及び直角三角形について知る
- 3本の直線で囲まれた4本の直線で囲まれている図形を四角形ということが分かる
- 身の回りのものの中から、三角形、四角形、正方形、長方形、直角三角形をしたものを取り出す
- 直角、頂点、辺及び面という用語を理解して用いる

直線・頂点・角の理解

- 身の回りのものから、かどの形が直角であるものを見つけたり、紙を折って直角を作ったりする
- 定規を使って直線をひく
- 面と面の間には辺があったり、辺や面が集まったところに頂点があることが分かる

基本的な図形の性質の理解

身の回りにあるデータの分類、整理

特別支援学校（知的障害）　算数科　小学部3段階（図形・データの活用）

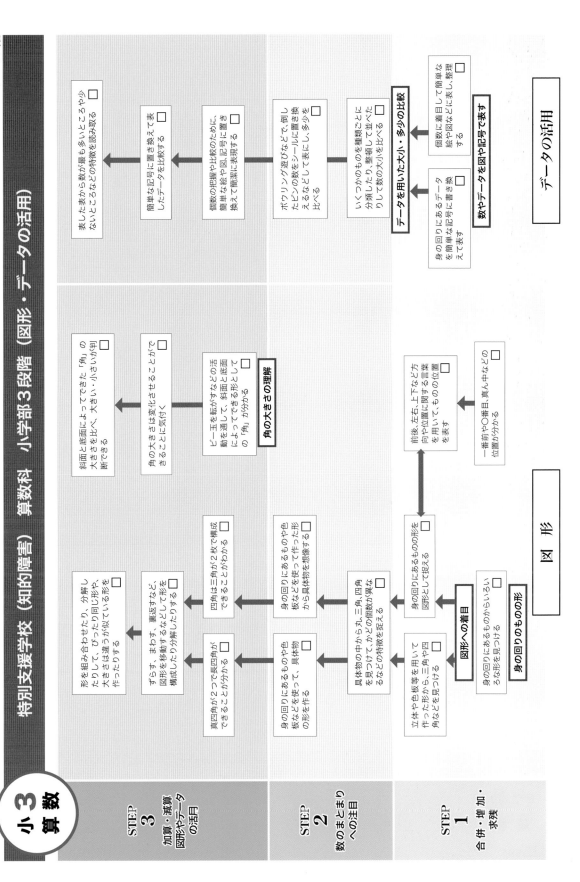

小3
算数

STEP 3
加算・減算
図形やデータ
の活用

STEP 2
数のまとまり
への注目

STEP 1
合併・増加・
求残

データの活用

数やデータを図や記号で表す

- 個数に着目して簡単な絵や図などに表し、整理する □
- 身の回りにあるデータを簡単な記号に置き換えて表す □

データを用いた大小・多少の比較

- いくつかのものを種類ごとに分類したり、どの個数が異なりして数の大小を比べる □
- ボウリング遊びなどで、倒したピンの数をシールに表して表現したり、整頓して数の多少を比べる □

- 個数の把握や比較のために、簡単な絵や図、記号に置き換えて簡単に表現する □
- 簡単な記号に置き換えてデータを比較する □
- 表した表から数が最も多いところや少ないところなどの特徴を読み取る □

角の大きさの理解

- ビー玉を転がすなどの活動を通して、斜面と底面によってできる角として「角」が分かる □
- 角の大きさは変化させることができることに気付く □
- 斜面と底面によってできた「角」の大きさを比べ、大きい・小さいが判断できる □

図形

身の回りのものの形

- 身の回りにあるものからいろいろな形を見つける □
- 立体や色板等を用いて作った形から丸や三角、四角などを見つける □

図形への着目

- 身の回りにあるものの形を捉える □
- 具体物の中から丸、三角、四角を見つけて、かどの個数が異なるなどの特徴や様相を捉える □
- 身の回りにあるものの形を図形として捉える □
- 身の回りにあるものの形を図形として想像する □

- 前後、左右、上下など方向や位置に関する言葉を用いて、ものの位置を表す □
- 一番前や〇番目、真ん中などの位置が分かる □

- 真四角が2つで長四角ができることが分かる □
- 四角は三角が2枚で構成できることが分かる □
- ずらす、まわす、裏返すなど、図形を移動したり分解したりする □
- 身の回りにあるものや色板などを使って作った形 □
- 形を組み合わせたり、分解したりして、ぴったり同じ形や、大きさは違うが似ている形を作ったりする □

図　形

データの活用

特別支援学校（知的障害）　数学科　中学部１段階（数と計算・測定）

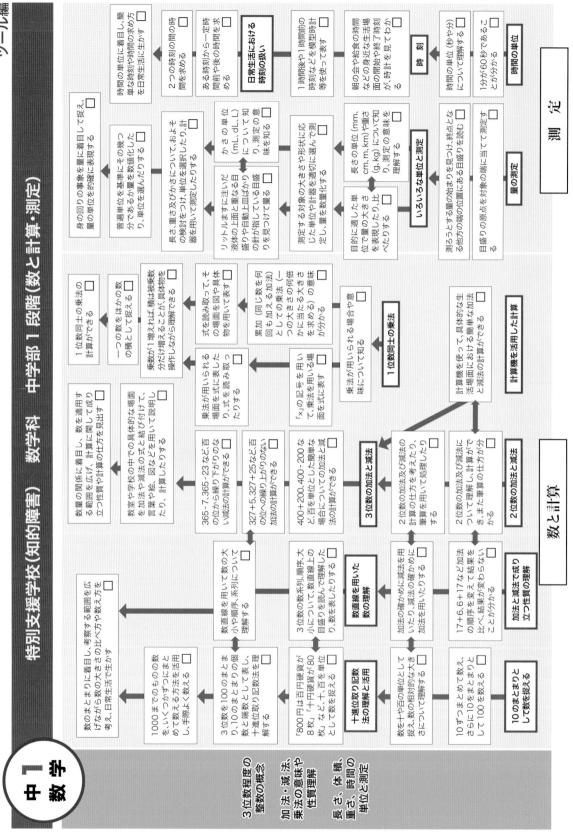

測定

- 時刻
- 量の測定
- いろいろな単位と測定
- 日常生活における時刻の扱い
- 時間の単位

数と計算

- １位数同士の乗法
- １位数同士の乗法
- 計算機を活用した計算
- ３位数の加法と減法
- ２位数の加法と減法
- 数直線を用いた数の理解
- 加法と減法を用いて成り立つ性質の理解
- 十進位取り記数法の理解と活用
- 10のまとまりとして数を捉える

中１ 数学

- ３位数程度の整数の概念
- 加法・減法、乗法の意味や性質理解
- 長さ、体積、時間の単位と測定

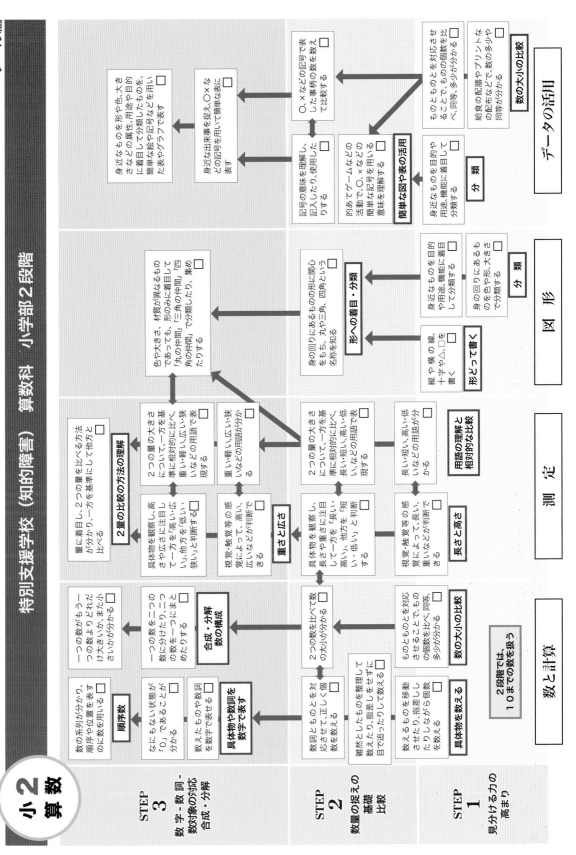

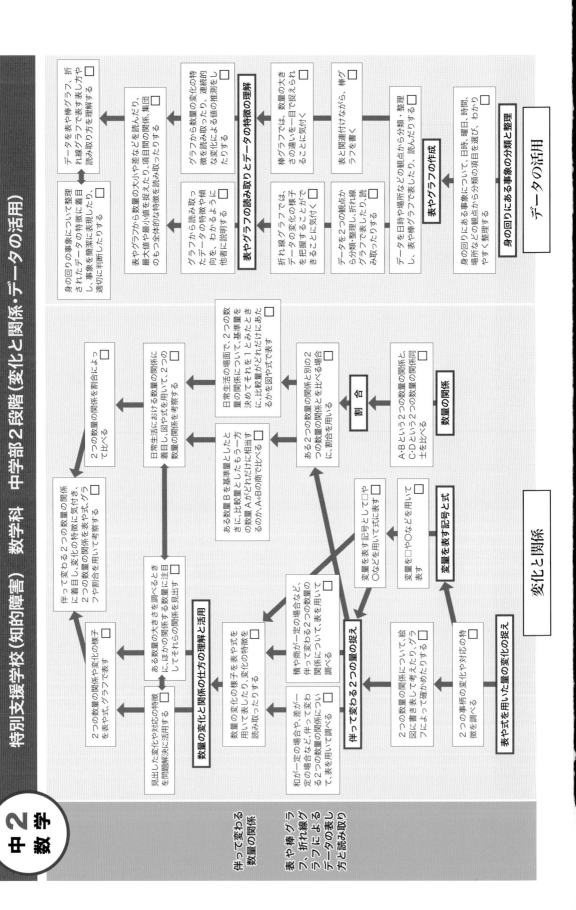

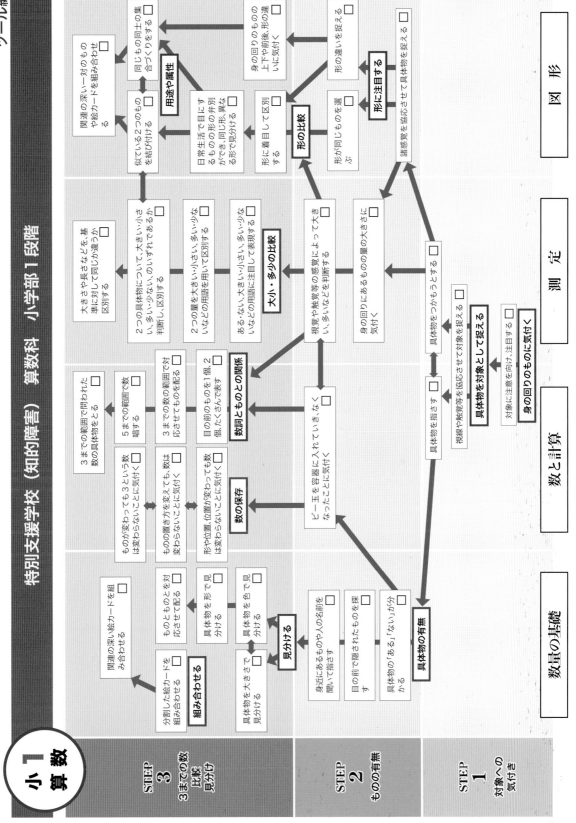

特別支援学校（知的障害）　算数科　小学部1段階

図　形　　　測　定　　　数と計算　　　数量の基礎

小1 算数

STEP 3
3までの数
比較
見分け

STEP 2
ものの有無

STEP 1
対象への
気付き

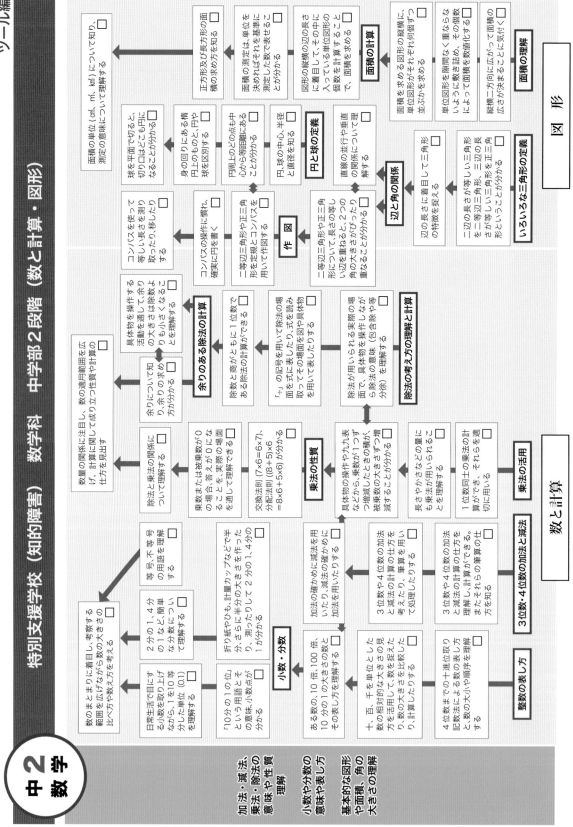

第2章　ラーニングマップ

1　ラーニングマップを用いた評価の方法

　ラーニングマップは、知的障害のある児童生徒の国語、算数・数学における発達に沿った学び方を整理しています。児童生徒一人一人の学習状況を評価し、各教科における到達度を明らかにするツールとして活用することができます。指導内容の領域ごとに、現在の学習状況と課題となる事柄を明確にし、どの段階の目標、学習内容を扱うことが適切であるか、アセスメントすることが可能となります。また、段階ごとの学習内容に含まれる言語や認知の発達的基盤を整理することができ、児童生徒の学び方や思考に沿った活動や支援の工夫につなげることができます。

　ラーニングマップを用いた児童生徒の学習状況の評価方法を**表2-1**に示します。

　一人一人の児童生徒の実態に見合った段階のラーニングマップを選択し、各項目の達成状況を評価します。

表2-1　ラーニングマップの評価方法

学習状況の達成レベル	記号
完全に達成しており、生活や学習の中で安定して関連する行動が観察される場合	◎
ほぼ達成しており、生活や学習の中で概ね関連する行動が観察される場合	○
一部達成している、または支援を要する、環境の調整により関連する行動が観察される場合	△
まったく達成していない、生活や学習の中で関連する行動が観察されない場合	空欄

　各項目の評価は、児童生徒の実態からあらかじめ想定されるステップから下位へ2ステップ程度実施します。また、上位へは、評価が空欄の項目のみになるまで進めます。

　各項目の評価から、国語、算数・数学、それぞれの学習内容について、個々の児童生徒がどの段階まで達成しているか、どの部分に課題があるのかを把握します。評価結果に基づいて、単元における目標設定、活動の選定を検討し、段階や学習状況に応じた授業づくりに活かします。

　評価にあたっては、授業や生活全般の中での児童生徒の様子を観察し、各項目の達成状況を吟味していきます。その際は、児童生徒に関わる複数の先生方で話し合いながら評価することをお勧めします。児童生徒一人一人の学習状況や発達的側面について共通理解し、情報のギャップを埋めたり、指導の方向性を共有したりすることにつながると考えています。これまでの学習の履歴を各教科との発達の文脈で整理することができる点が、ラーニングマップによる評価のメリットのひとつです。

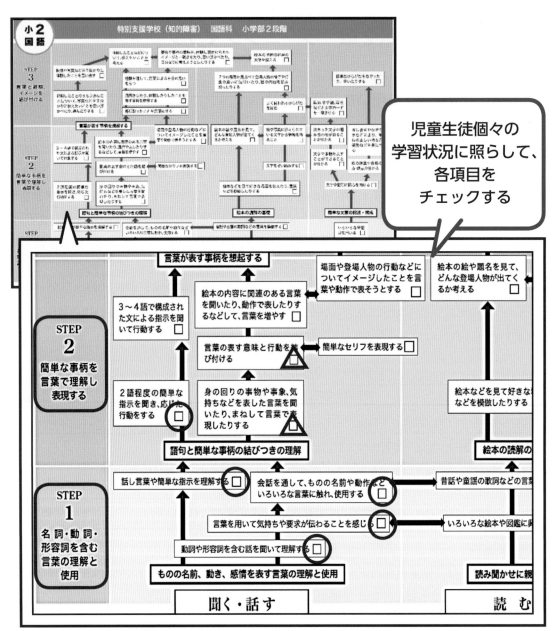

児童生徒個々の
学習状況に照らして、
各項目を
チェックする

言葉が表す事柄を想起する

| STEP 2 簡単な事柄を言葉で理解し表現する |

3〜4語で構成された文による指示を聞いて行動する □

絵本の内容に関連のある言葉を聞いたり、動作で表したりするなどして、言葉を増やす □

言葉の表す意味と行動を結び付ける

簡単なセリフを表現する □

2語程度の簡単な指示を聞き、応じた行動をする □

身の回りの事物や事象、気持ちなどを表した言葉を聞いたり、まねして言葉で表現したりする

場面や登場人物の行動などについてイメージしたことを言葉や動作で表そうとする □

絵本の絵や題名を見て、どんな登場人物が出てくるか考える □

絵本などを見て好きな〜などを模倣したりする

語句と簡単な事柄の結びつきの理解

| STEP 1 名詞・動詞・形容詞を含む言葉の理解と使用 |

話し言葉や簡単な指示を理解する □

会話を通して、ものの名前や動作などいろいろな言葉に触れ、使用する □

昔話や童謡の歌詞などの言葉

言葉を用いて気持ちや要求が伝わることを感じる □

いろいろな絵本や図鑑に興味

動詞や形容詞を含む話を聞いて理解する □

ものの名前、動き、感情を表す言葉の理解と使用

絵本の読解の

読み聞かせに親し

聞く・話す

読　む

学習状況の背景にある発達的基盤の把握

　それぞれの段階における学習内容を発達の順序性に沿って配列・整理しているので、児童生徒の学習状況の背景にある認知・言語発達の基盤を読み取りながら学習活動を組み立てることができます。

　児童生徒一人一人がもつ発達の力を足場にした授業づくりにつながります。

適切な学習状況の把握

　指導内容の領域ごと、それぞれの具体的内容について、個々の児童生徒がどの段階まで達成しているか、どの部分に課題があるのかを把握することができます。また、次に課題となる事柄、関連する事柄を系統的に整理し、構造的に捉えることができます。学習する事柄を、縦軸、横軸に広げながら活動内容を選定することにつながります。

Column コラム

コラム②　知的障害のある子どもたちの発達の道しるべ

　知的障害のある子どもたちの外界への気付きから、抽象的思考の萌芽までを「知的障害のある子どもたちの発達の道しるべ」（**図2**）のように考えています。

　抽象的な思考が始まるまでには、二項関係、共同注意の成立、三項関係、意図伝達行動の芽生え等、様々な発達課題を達成していく必要があります。定型発達の子どもたちは駆け抜けるように成長していきますが、知的障害のある子どもたちは、一つ一つ教育的課題として丁寧に、一人一人にあった学び方で指導していく必要があります。そのためにも、「ラーニングマップ」から発達的基盤を把握し、意図的に指導したり支援をしたりしながら、学習を支えていくことが大切です。

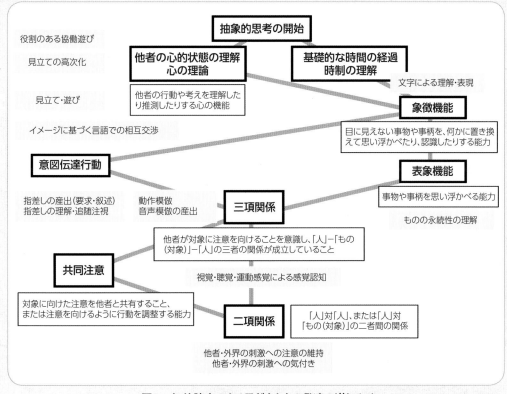

図2　知的障害のある子どもたちの発達の道しるべ

知的障害のある
児童生徒の
発達的基盤

第3章　知的障害のある児童生徒の発達的基盤

本章では、各段階における STEP ごとの設定について解説します。

1　小学部1段階の学び方

(1) 特別支援学校学習指導要領解説各教科等編（小学部・中学部）における小学部1段階について

【小学部1段階】
　主として知的障害の程度は、比較的重く、他人との意思の疎通に困難があり、日常生活を営むのにほぼ常時援助が必要である者を対象とした内容を示しています。
　この段階では、知的発達が極めて未分化であり、認知面での発達も十分でないことや、生活経験の積み重ねが少ないことなどから、主として教師の直接的な援助を受けながら、児童が体験し、事物に気付き注意を向けたり、関心や興味をもったりすることや、基本的な行動の一つ一つを着実に身に付けたりすることをねらいとする内容を示しています。

(2) 小学部1段階の STEP の発達のイメージ

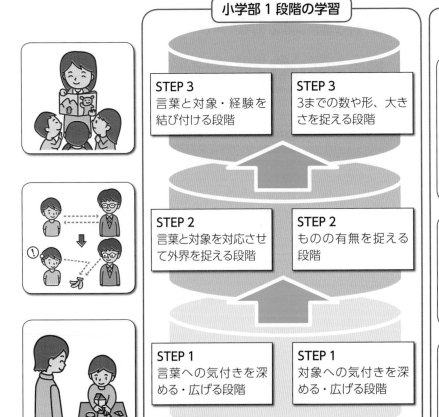

①　小学部1段階 STEP 1

　このSTEPでは、外界の刺激を触覚、視覚、聴覚によって認知し、注意を向けることや、他者からの話し掛けを受け止め、応答することに関する目標や内容を整理して示しています。

　国語においては、実際の事物を見たり触ったりして実感をもち、対象に気付くこと、言葉が用いられていることに気付き、話し掛けに注目したり、応答したりすることに関する内容を、算数においては、対象に注意を向け、視覚や触覚等を協応させて対象を捉え、具体物をつかもうとするなどに関する内容をSTEP 1として定義しました。

　このSTEPに含まれる発達的基盤として、他者、外界の刺激に対する気付き、注意の持続、二項関係の成立などが挙げられます。

　発達初期に当たるこの段階では、視覚、聴覚による感覚認知と、触覚を含む運動感覚を活用し、外界の刺激を捉えることが発達課題となります。また、目と手の協応動作、手指の操作性を高めていくことも併せて課題となります。事物や言葉に気付き、自己と他者（対象）に注意を向けて二項関係を成立させ、言葉の理解と使用の土台を育むことが、このSTEPでの中心的な学習内容として挙げられます。

<発達的基盤>

見る、触れるなどして対象と関わること
対象や外界の刺激に注意を維持すること

言葉に気付いたり、話し掛けに注目したりすること

小学部1段階 STEP 1の学び方に応じた支援のポイント!
〇単純な感覚（触感覚、聴覚、視覚）的な手掛かりを精選する
〇感覚を活用して活動の「はじめ」と「終わり」を理解できるようにする

② 小学部1段階 STEP 2

　このSTEPでは、言葉と事物の対応関係、言葉を用いた対人的なやりとり、ものの有無の理解や形への注目などに関する目標、内容を整理して示しています。

　国語においては、言葉や事物の名称、動作、感情などを表していることの理解、写真、絵、映像などで身近な事物が表現されていることの理解、言葉を用いた他者との相互交渉の基礎に関する内容を、算数においては、具体物の有無や、ものの大きさ、形への気付きや捉えに関する内容をSTEP 2としました。

　このSTEPに含まれる発達的基盤として、言葉を聞き分ける、事物を見分ける力の育ち、共同注意に関連する行動の産出、他者への注意の高まり、それに伴う、初期的な三項関係の成立などが挙げられます。これらの発達を土台に、事物とその名称を対応させたり、関心をもって他者からの言葉による働きかけを受け止めたりする力が育まれていきます。

　学習を支える「自己」－「他者」－「対象」の三項関係の基礎が成立するこの段階では、話し手の言葉を聞き分けること、身近な事物や半具体物を見分けること、他者からの投げかけや指示を参照し、事物に注意を向けて言葉と対応させることが発達課題となります。身近な言葉と事物の対応関係を成立させ、簡単な言葉による相互交渉を行い、言葉の意味や働きに触れることがこのSTEPでの中心的な学習内容となります。

＜発達的基盤＞

絵に事物が表現されていることの理解
言葉と事物が対応していることの理解

他者との注意の共有や三項関係の形成

小学部1段階 STEP 2の学び方に応じた支援のポイント!
〇言葉と対象に注意を向けられるようにし、言葉の聞き分け、事物の見分けを促す
〇目と手を協応させて対象を捉えられるよう、教材の色、形、感触等を工夫する

③　小学部 1 段階 STEP 3

　この STEP では、音声・模倣、動作による表現、イラスト、シンボルを使った理解と表現、3までの数の概念、2量の比較や形への着目などに関する目標、内容を整理して示しています。

　国語においては、模倣による表現の広がり、動作、シンボルによる理解と表現の開始、具体物や視覚支援を手掛かりに想起し、言葉と結びつけること、算数においては、3までの数詞とものとの関係、2量の大小・多少の比較、形や用途、属性への着目などに関する内容を STEP 3として定義しました。

　この STEP に含まれる発達的基盤として、動作模倣、音声模倣の産出、意図伝達行動の広がり、イラストや具体物、簡単な文字等を手掛かりとした表象機能の芽生えなどが挙げられます。これらの発達を土台に、他者の行動や関わりを参照した理解と表現の広がり、対人的な相互交渉の活発化、事物や経験を言葉で表すことの理解などの力が育まれていきます。

　他者との関係の中で、言葉や身振り、簡単なシンボルを用いたやりとりが活発化するこの段階では、代表性の成立（色や形が異なっていても同一の名称で事物を分類できること）、意図伝達手段の獲得と表現の広がり、模倣や初期的な見立てを用いた関わりや遊びの産出が発達課題となります。

　模倣、動作化、シンボルを用いた理解と表現、具体物やイラストを用いた想起することなどを学習場面に取り入れ、言葉の意味や働きに触れ、使い方を経験できるようにすることがこの STEPでの中心的な学習内容となります。

＜発達的基盤＞

言葉、身振りなどによる意図伝達

声まねや音まね、発語の模倣
動作や身振りの模倣

小学部 1 段階 STEP 3の学び方に応じた支援のポイント!

〇言葉（発声）に加え、具体物やイラスト等、身振りや指差しなどで気持ちを伝える場面
　設定を工夫する

〇身近な事物の名称、擬音語、擬態語など、模倣が容易な言葉を扱い、絵本ややりとり
　遊びなど、繰り返しの展開の中で模倣を促す

2 小学部2段階の学び方

(1) 特別支援学校学習指導要領解説各教科等編（小学部・中学部）における小学部2段階について

【小学部2段階】
　知的障害の程度は、1段階ほどではないですが、他人との意思の疎通に困難があり、日常生活を営むのに頻繁に援助を必要とする者を対象とした内容を示しています。
　この段階では、1段階を踏まえ、主として、教師からの言葉掛けによる援助を受けながら、教師が示した動作や動きを模倣したりするなどして、目的をもった遊びや行動をとったり、児童が基本的な行動を身に付けることをねらいとする内容を示しています。

(2) 小学部2段階のSTEPの発達のイメージ

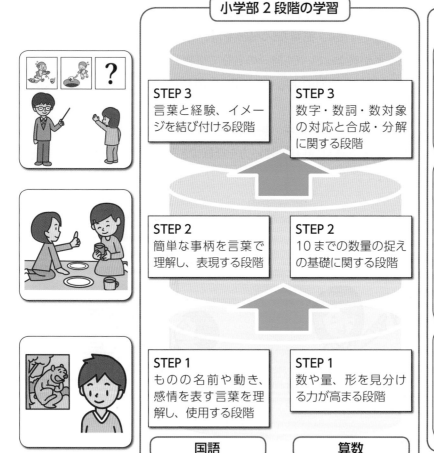

小学部2段階の学習

STEP 3
言葉と経験、イメージを結び付ける段階

STEP 3
数字・数詞・数対象の対応と合成・分解に関する段階

STEP 2
簡単な事柄を言葉で理解し、表現する段階

STEP 2
10までの数量の捉えの基礎に関する段階

STEP 1
ものの名前や動き、感情を表す言葉を理解し、使用する段階

STEP 1
数や量、形を見分ける力が高まる段階

国語　　算数

学習内容に関連する発達的基盤

身近な生活に関わる時間の経過や、現在、過去、未来の出来事の大まかな順序を理解、他者の心的理解

象徴機能の形成、目の前にない事柄について言語、身振り、シンボルを用いて他者へ伝達したり、他者からの話し掛けを受け止めたりすることが可能になる

初期的な象徴機能の形成、見立てを用いたやりとり、視聴覚認知の高まりによる名詞、動詞の理解

①　小学部2段階 STEP 1

　このSTEPでは、名詞や動詞、形容詞を用いた言葉の理解と使用、2語連鎖などに関する目標、内容を整理して示しています。身近な事物やイラスト、経験などを、名詞、形容詞、動詞で表すことを理解したり、実際に言葉で表現したりすること、簡単な絵本や昔話、童謡などに出てくる言葉を模倣し表現を広げることなどに関する内容をSTEPとして定義しました。

　このSTEPに含まれる発達的基盤として、初期的な象徴機能の形成、見立てを用いたやりとり、視聴覚認知の高まりによる名詞、動詞の理解などが挙げられます。これらの発達により、身近な事物を名詞や動詞を用いて理解し表現するなど、言葉の意味や働きへの着目の仕方が高次化する段階となります。言葉を組み合わせた語連鎖による表現が開始される段階では、言葉での要求や応答に加え、身振りやサインでの伝達を活発化することで、事物や事柄を言葉やシンボルに置き換える経験を重ねることが重要となります。身近な事物やイラスト、簡単な絵本や昔話などを用いて、日常的に使用する語で表現しながら、語彙の広がりを目指すことがこのSTEPでの中心的な学習内容となります。

<発達的基盤>

くまさん、わらってる

名詞、動詞を組み合わせて理解・表現すること

事物を見分け、言葉や数量、大きさや形、用途や属性によって分類すること

小学部2段階 STEP 1の学び方に応じた支援のポイント！

〇絵や写真の細部に着目し、人の行動や事物の特徴を見分ける活動を工夫し、名詞や動詞を用いて表現できるようにする

〇身近なものの特徴や量的側面に着目し、比較したり、表現したりする

　このSTEPでは、簡単な事柄について表した語句の意味内容の理解、語連鎖構文の理解と使用、事象やイメージの言語化、文字の使用の基礎に関する目標、内容を整理して示しています。身の回りの事物や事象について表した言葉を聞き取って理解したり、言葉の意味と行動を結び付けたりすること、絵本の内容について言葉や動作で表すこと、文字から情報を得ることに気付くことなどの内容をSTEP 2として定義しました。

　このSTEPに含まれる発達的基盤として、象徴機能の形成が挙げられます。視覚、聴覚によって得た情報を理解して、目の前にない事柄について言語、身振り、シンボルを用いて他者へ伝達したり、他者からの話し掛けを受け止めたりすることが可能になります。イメージに基づく言葉での相互交渉、思考が可能となる段階であるため、身近な事柄や絵本の内容から想起したり、イメージしたりした事柄について言葉を用いてやり取りする学習がこのSTEPの中心的な学習内容となります。また、事物や事象を文字で書き表すことの理解が始まるこの段階では、事物を文字で書き表せることの理解、簡単ななぞり書きなども同じく中心的な学習内容として挙げられます。

＜発達的基盤＞

見立てやイメージに基づき、言葉や身振りを用いて相互交渉すること

文字情報を読み取って、事物や事柄をイメージすること

小学部2段階 STEP 2の学び方に応じた支援のポイント！

○2語から4語で構成された指示や表現を理解できるよう、主語と述語、気持ちを表す表現などの聞き取りや読み取りができる教材を扱う

○個数、長さ、高さなど、数量を表す用語を用いて身近なものを捉えるようにする

③　小学部2段階 STEP 3

　このSTEPでは、経験やイメージ、想起した内容と言葉の対応、絵本の場面ごとの内容の読み取り、10までの数概念や合成・分解などに関する目標、内容を整理して示しています。

　国語においては、身近なことについて、写真や映像を手掛かりに思い浮かべた言葉で表現すること、伝えたいことを想起すること、絵本に登場する人物の様子や行動について読み取ること、算数においては、10までの「数詞」－「数字」－「数対象」の対応関係の理解、数の合成と分解、図形の分類などの内容をSTEP 3として定義しました。

　このSTEPに含まれる発達的基盤として、基礎的な時間の経過や時制の理解、他者の心的状態の理解が挙げられます。身近な生活に関わる時間の経過や、現在、過去、未来の出来事の大まかな順序を理解することが可能になる段階であり、身近な経験を想起して言葉でやりとりすること、絵本の時間の経過の大体を捉えて読み取ることなどがこのSTEPでの中心的な学習内容となります。また、絵本の登場人物の様子に注意を向け、行動を読み取ろうとすることも学習内容のひとつとして挙げられます。

\<発達的基盤\>

経験を想起し、言葉にして表現する
手掛かりに基づいて伝えたいことを考える

場面ごとの様子を読み取る
時間の経過の理解

小学部2段階 STEP 3の学び方に応じた支援のポイント！

○事物や行為を別のものに見立てたり、置き換えたりしながら、主語と述語を含む表現や状況を説明する活動の工夫を行う

○時間の経過や順序、時制の理解ができるよう、情報を視覚化したり、操作を伴う活動を取り入れたりする

3　小学部 3 段階の学び方

(1)　特別支援学校学習指導要領解説各教科等編（小学部・中学部）における小学部3段階について

【小学部 3 段階】
　　知的障害の程度は、他人との意思の疎通や日常生活を営む際に困難さが見られます。適宜援助を必要とする者を対象とした内容を示しています。
　　この段階では、2 段階を踏まえ、主として児童が自ら場面や順序などの様子に気付いたり、主体的に活動に取り組んだりしながら、社会生活につながる行動を身に付けることをねらいとする内容を示しています。

(2)　小学部 3 段階の STEP の発達のイメージ

小学部 3 段階の学習

学習内容に関連する発達的基盤

STEP 3 言葉と言葉、情報と情報の関係を理解し、表現する段階	STEP 3 加算・減算、図形やデータの活用に関する段階	言語による情報伝達と思考の能力の向上、抽象的な思考や推測の開始、順序や時系列の理解の向上
STEP 2 言葉や語句が表す内容をまとまりとして捉える段階	STEP 2 数をまとまりとして捉える段階	複数の情報の継次・同時処理能力の向上、見立て行為の高次化とロールプレイの成立、言葉による思考の活性化
STEP 1 行動や気持ちを表す言葉を用いて場面や状況を理解し、表現する段階	STEP 1 20 までの数の合併や求差・求残などの数の捉えに関する段階	3から 4 語連鎖構文の理解と使用、文字言語の活用、役割のある協同遊びの成立
国語	算数	

①　小学部3段階 STEP 1

　このSTEPでは、経験したことや場面、状況について、言葉で理解し表現すること、取り上げた対象について文字で書き表すことや文字を正しく読むこと、20までの数の合併や求差、求残、長さ、広さ、かさの直接比較などに関する目標、内容を整理して示しています。

　国語においては、経験したことについて言葉を用いて振り返り、言葉で表すこと、物語の登場人物の行動や様子から想像すること、算数においては、20までの数の数概念や長さ、広さの直接比較などに関する内容をSTEP 1として定義しました。

　このSTEPに含まれる発達的基盤として、3〜4語連鎖構文の理解と使用、文字言語の活用、役割のある協同遊びの成立などが挙げられます。主語、目的語、述語を組み合わせた表現の理解と使用ができるようになり、場面や状況を行為者とその行為、目的理解、技能が高まり、身近な事物、事象に関する文字を読み書きし、思考に活用し始める段階でもあります。学校や家庭での生活経験、昔話や絵本の内容などに関して、考えたり、想像したりして言葉で表現する活動、促音や長音などの特殊音節を含む文字を読み書きする活動、主語や述語、助詞を適切に組み合わせる基礎的な学習などがこのSTEPでの中心的な学習内容です。

<発達的基盤>

場面の様子や他者の行動から想像する

いもうと
おかあさん
おばあさん
おにいさん
おじいさん
おとうと
おとうさん
おとうと
おねえさん

促音、長音などが含まれたひらがな、語句を読み、情報を得る

小学部3段階 STEP 1の学び方に応じた支援のポイント!

○経験や考えを想起しやすいよう、絵や写真、イラストなどを用いて視覚支援を行い、イメージしたことの表現を促すようにする

○数の合併や求差、求残、長さ・広さ・かさの比較などにおいて、具体物を操作する活動を通して、数量の操作の意味理解を深められるようにする

　このSTEPは、見聞きした事柄のおおよそを、言葉や語句が表す意味内容のまとまりと対応させて理解し、表現すること、数のまとまりに注目して数の操作を行うこと、間接比較などに関する目標、内容を整理して示しています。

　国語においては、言葉で表される内容を意味のまとまりとして捉えて話を聞き取ったり、感じたことを言葉や文字で表現したりすること、算数においては、数量を等分し、数のまとまりとして捉えること、時間や時刻の読み取り方に関する内容などをSTEP 2として定義しました。

　このSTEPに含まれる発達的基盤として、複数の情報の継次・同時処理能力の向上、見立て行為の高次化とロールプレイの成立、言葉による思考の活発化などが挙げられます。言葉による思考により、いくつかの情報を記銘できるようになることで、場面の様子や状況を継次的、同時的に理解できるようになります。誰が、何を、どのようにしたかなど、事柄や出来事の大体を捉え、状況を言葉で捉えることが可能になっていく段階です。また、役割をもって他者と見立て行為を連続させるごっこ遊びやロールプレイができるようになり、絵本の登場人物の立場に立って読解を深めることにも取り組めるようになります。経験したことや聞いたことのあらましや出来事の大体を捉え、感じたことを話すこと、登場人物の立場に立って音読したり演じたりすること、書きたいことや題材を見つけ、短い文で書き表すことなどがこのSTEPでの中心的な学習内容となります。

<発達的基盤>

見立てやロールプレイの成立と言葉による思考の活発化

情報処理能力の向上と場面の状況理解

小学部3段階 STEP 2の学び方に応じた支援のポイント!

○絵本の展開や経験したことなどを視覚化、構造化し、言葉を対応させて内容のおおよそを捉えられるようにする

○言葉やイメージを使って表現したり、具体的な活動が伴う数の操作をしたりしながら、思考を深める場面設定を行う

③　小学部3段階 STEP 3

　このSTEPでは、時間的な順序を含む内容の大体を捉えること、文章全体を内容のまとまりごとに整理して捉えること、語と語や文と文の続き方、助詞の使い方に着目すること、加算や減算、100までの数の概念などに関する目標、内容を示しています。

　国語においては、見聞きしたことや読み取った文章に含まれる言葉と言葉、情報と情報同士の関係を捉え、表現すること、算数においては、数をまとまりとして捉え、加算や減算の意味を理解すること、任意単位による比較、データの読み取りなどに関する内容をSTEP 3として定義しました。

　このSTEPに含まれる発達的基盤として、言語による情報伝達と思考の能力の向上、抽象的な思考や推測の開始、順序や時系列の理解の向上などが挙げられます。これらの発達の力を土台に、他者とのやりとりにおいて、言葉で理解し言葉で表現すること、言葉を言葉で説明することが可能になります。イメージや想起したことに基づいて、言語を用いて思考・判断することもできるようになる段階です。助詞の用い方や語と語、文と文の続き方など、言葉や文の規則や構造に着目する学習も可能になります。見聞きしたことや読み取った文章の出来事の順序や内容の大体を捉え、意味のまとまりごとに情報を整理すること、劇や音読を通して場面や状況の細部に読解を深めること、文や文章を正しく書き表すことなどがこのSTEP以降の学習内容となります。

<発達的基盤>

記憶の容量の向上、数をまとまりとして捉え、生活と結びつける力の高まり

順序や時系列の理解の向上
言葉による思考能力の向上

小学部3段階 STEP 3の学び方に応じた支援のポイント!

○簡単な展開がある絵本の2つの場面を見比べて登場人物の様子や行動の違いを考えるなど、情報と情報の関係を言葉で考え、話し合う場面を設定する

○加減算やデータの活用の意味理解を深められるよう、生活の中にある題材を教材化する

4　中学部 1 段階と 2 段階の学び方

（1）特別支援学校学習指導要領解説各教科等編（小学部・中学部）における中学部 1 段階・2 段階について

【中学部 1 段階】
　小学部 3 段階を踏まえ、生活年齢に応じながら、主として経験の積み重ねを重視するとともに、他人との意思の疎通や日常生活への適応に困難が大きい生徒にも配慮した内容を示しています。
　この段階では、主として生徒自ら主体的に活動に取り組み、経験したことを活用したり、順番を考えたりして、日常生活や社会生活の基礎を育てることをねらいとする内容を示しています。

【中学部 2 段階】
　中学部 1 段階を踏まえ、生徒の日常生活や社会生活及び将来の職業生活の基礎を育てることをねらいとする内容を示しています。
　この段階では、主として生徒自ら主体的に活動に取り組み、目的に応じて選択したり、処理したりするなど工夫し、将来の職業生活を見据えた力を身に付けられるようにしていくことをねらいとする内容を示しています。

（2）中学部 1 段階・2 段階の発達的基盤のイメージ

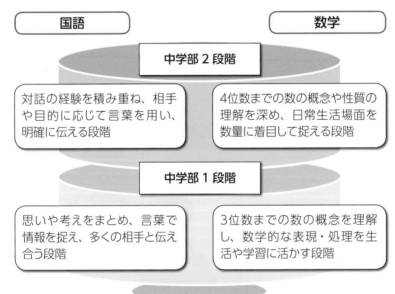
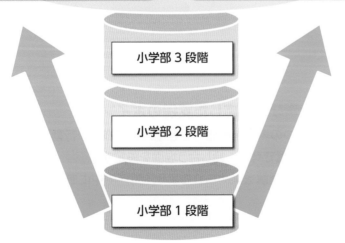

①　中学部１段階・２段階について

　中学部国語科の１段階では、詩や物語の内容の大体を捉え、構造を把握すること、文章の構成や推敲に関すること、語句の役割の理解や相手、目的に応じた表現に関することなどについての目標、内容を整理して示しています。

　また、国語科2段階では、詩や物語の内容の大体から中心となる情報を捉えること、登場人物の行動や気持ちの変化を大筋で捉えること、情報と情報の関係の理解とそれに基づく表現などに関する目標、内容を整理して示しています。

　中学部数学科の１段階では、3位数の加法と減法、1位数同士の乗法、日常生活における時間、時刻の扱い、かさ、長さ、重さに関する任意単位、図形の性質と構成、グラフの作成と読み取りなどに関する目標、内容を整理して示しています。

　また数学科2段階では、4位数の加法と減法、乗法と除法の計算や性質の理解、面積の計算、数量の変化と関係の理解、データの特徴の読み取りなどに関する目標、内容を整理して示しています。

　この段階に含まれる発達的基盤として、社会的なルールの理解の深まり、イメージと言語を用いた思考と相互交渉の深まり、物事や社会的な事象の因果や関係の理解の深まりなどが挙げられます。言葉やイメージする力が高まり、記憶の容量や時系列、因果の理解も高次化することにより、事物や事象を抽象的に捉えて思考することができるようになるのがこの段階です。日常生活の中から言葉や数量に関する要素を見出し、対話や思考を通して学習を深めていくことができるのが、この段階での特徴です。

中学部１段階・２段階の学び方に応じた支援のポイント!

〇伝え合う、話し合う活動を通して、他者の考えを取り入れるとともに、分かりやすい表現や内容の構成を検討するなど、言葉の働き、使い方に注目できる課題設定をする

〇視覚情報を活用しながら、複数の情報の関連を考える、物事の因果を捉える、推測するなど思考を働かせながら言葉を用いる課題設定をする

〇情報を視覚化、焦点化し、情報同士の関係を整理したり、中心となる情報を捉えたりできるようにする

コラム③　各教科等の特質に応じた「見方・考え方」

　新しく学習指導要領に示された「見方・考え方」を、私たちは、どのように理解して、授業づくりに生かしていけばよいのでしょうか。

　平成29年12月21日の中央教育審議会の答申「幼稚園、小学校、中学校、高等学校及び特別支援学校の学習指導要領等の改善及び必要な方策等について（答申）」では、以下のように示されています。

○子供たちは、各教科等における習得・活用・探究という学びの過程において、各教科等で習得した概念（知識）を活用したり、身に付けた思考力を発揮させたりしながら、知識を相互に関連付けてより深く理解したり情報を精査して考えを形成したり、問題を見いだして解決策を考えたり、思いや考えを基に創造したりすることに向かう。こうした学びを通じて、資質・能力がさらに伸ばされたり、新たな資質・能力が育まれたりしていく。

○その過程においては、"どのような視点で物事を捉え、どのような考え方で思考していくのか"という、物事を捉える視点や考え方も鍛えられていく。こうした視点や考え方には、教科等それぞれの学習の特質が表れるところであり、例えば、算数・数学においては、事象を数量や図形及びそれらの関係などに着目して捉え、論理的、統合的・発展的に考えること、国語科においては、対象と言葉、言葉と言葉の関係を、言葉の意味、働き、使い方等に着目して捉え、その関係性を問い直して意味付けることなどと整理できる。

○こうした各教科等の特質に応じた物事を捉える視点や考え方が「見方・考え方」であり、各教科等の学習の中で働くだけではなく、大人になって生活していくに当たっても重要な働きをするものとなる。私たちが社会生活の中で、データを見ながら考えたり、アイディアを言葉で表現したりする時には、学校教育を通じて身に付けた「数学的な見方・考え方」や、「言葉による見方・考え方」が働いている。各教科等の学びの中で鍛えられた「見方・考え方」を働かせながら、世の中の様々な物事を理解し思考し、よりよい社会や自らの人生を創り出していると考えられる。

（下線は筆者による）

　授業で最も大事なことは、子どもたちに、この「見方・考え方」を感得することだと考えています。つまり、言葉と出会って感動する、物の有無に感動するなど、実感と感動をもった思考の誕生が大切です。そして、子どもたちの中に萌芽した「見方・考え方」は、習得・探究・活用という学びの過程の中で働くことを通じて、資質・能力がさらに伸ばされたり、新たな資質・能力が育まれたりし、それによって「見方・考え方」がさらに豊かなものになる、という相互の関係にあります。この関係を授業の中で十分に経験することが、深い学びへとつながると考えています。

第4章

ラーニングマップ
の活用

第4章　ラーニングマップの活用

　ここでは、実際の実態把握や授業づくり・実践場面でのラーニングマップの活用方法を解説し、具体例を紹介します。

　学習指導要領及び解説には、各教科の目標と内容が段階ごとに示されています。段階ごとに目標と内容を示しているのは、「発達期における知的機能の障害が、同一学年であっても、個人差が大きく、学力や学習状況が異なるため、段階を設けて示すことにより、個々の児童生徒の実態等に即して、各教科の内容を精選して、効果的な指導ができるようにしている（学習指導要領解説各教科等編（小学部・中学部）第4章第1節の5)」ためです。各段階における育成を目指す資質・能力を明確にしつつ、児童生徒一人一人の学習状況に応じて目標、内容を選定する必要性が述べられています。

　ラーニングマップを活用した知的障害教育における各教科の授業づくりにより、個々の実態を捉える診断的評価の効率と精度を高め、適切な学習目標・内容の設定、段階ごとの学び方に応じた単元の展開や支援の工夫、学習経過を捉える形成的評価や単元終了後の総括的評価の視点を得ることができます。

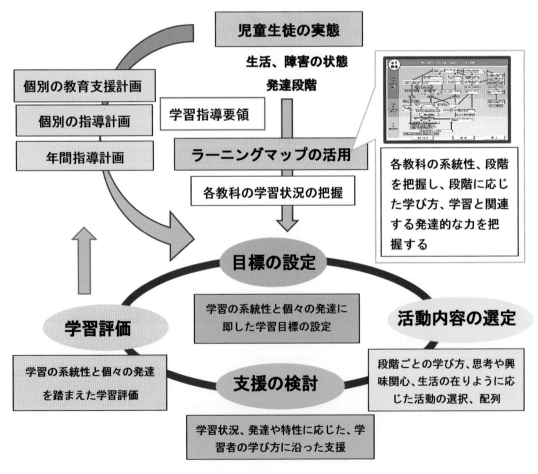

図4−1　授業づくりプロセスモデル（教科別の指導）

1　学習状況の把握のツールとして

　児童生徒の学習場面、生活場面の様子から、ラーニングマップの評価項目をチェックすることで、現在の学習状況を評価し、把握することができます（評価方法は、第2章1節参照）。児童生徒にとって適切であると思われる段階のラーニングマップを用いて評価を行い、実態把握を進めます。児童生徒がどの段階の目標、内容を学ぶことが適切であるか、診断的評価を行い、実態に応じた適切な単元デザインにつなげていくことが重要です。

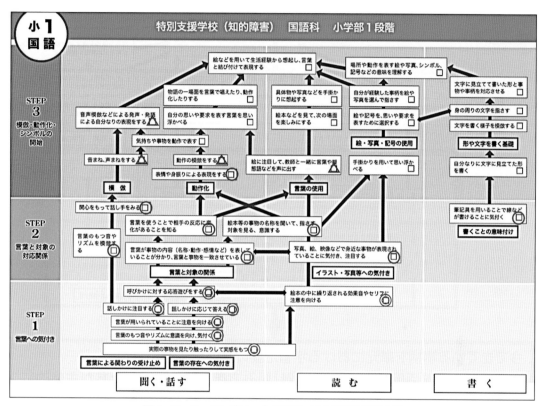

図4-2　ラーニングマップ（国語）による実態把握の例

　ラーニングマップは、系統性に基づいて項目を配列し、構成しているため、ある学習内容を達成するためのレディネスとなる事柄は何か、その後の学習はどのように発展していくかを参照することもできます。

2　学習目標の設定に

　ラーニングマップによる学習状況の評価を参考にしながら、各教科の単元目標や授業目標を焦点化することで、現在の学びの在りように沿い、系統性を踏まえた学習目標の検討につながります。ラーニングマップによる評価から、教科の文脈で「今できていること」、「支援や環境が整えばできること」、「未学習であり、これから学習を進めたいこと」を整理することができます。また、学習状況の把握に基づいて、児童生徒にとって最近接である学習目標を設定することができます。必ずしも今できていない（達成していない）項目に関することを目標設定する必要はなく、今できている事柄について題材を

変えたり、活動への取り組み方を変化させたりして取り組みの幅を広げることも大切です。児童生徒の実態に応じて、各学部の何段階の目標、内容で学ぶことが適切であるかを評価し、学習指導要領を参照しながら、一人一人にとって適切な目標設定を行うことが、単元における活動設定の適切性、学びの深まりに大きく関わると言えます。

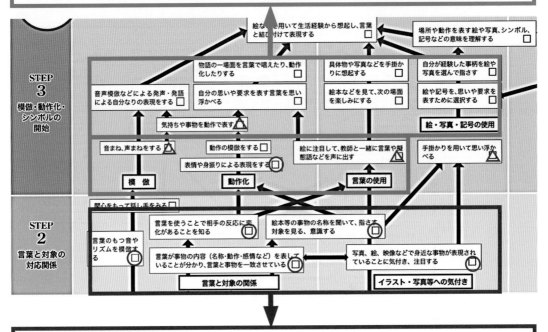

3 学習評価の根拠として

設定した学習目標と対応して、単元や授業における評価基準を適切に設定する必要があります。単元で計画した学習活動を、ラーニングマップを用いて教科の系統性、発達の段階性と照らし合わせると、そのレディネスとなる学習の要素を参照することができます。系統性と発達の視点から、学習に関わる要素をもとに評価基準を設定し、単元における学びの深まりを適切に見とる評価計画を作成することが大切です。

学習目標達成に向けたスモールステップを設定し、児童生徒の学びの足場を作りながら単元の学習を進めることで、学習状況を細かく見とることにつながると考えられます。

4　段階ごとの学び方に応じた授業づくりの Key Point

　第3章で述べたように、学習指導要領に示された国語、算数・数学の目標、内容を段階ごとに詳細に分析すると、各段階の中核となる学習内容と、その背景にある発達的な力の階層性を見出すことができます。

　ここでは、児童生徒にとって認知・認識の質的変化が伴う、各段階の重要な学習の Key Point、段階ごとの学び方の特徴と授業づくりの視点を示します。P.61 に、段階に応じた授業づくりのチェックポイントをまとめました。

小学部 1 段階の学習の Key Point

三項関係の成立と意図伝達行動の産出

　小学部 1 段階は、事物や事柄を表す言葉や数が存在することを理解することが重要な学習内容です。この段階の重要な発達のステップのひとつは、「子ども（自己）−対象−教師（他者）」の**三項関係が成立**することです。教師と子どもが注意を共有しながら、言葉や数詞と対象を一致させることが重要です。また、もうひとつの重要な発達のステップは、言葉や代替手段を用いて自分の思いや要求を表す**意図伝達行動の産出**です。自分の意図を表現する言葉を思い浮かべる過程で、目の前にないものをイメージする表象機能が獲得されていき、小学部2段階の学習につながっていきます。

小学部 1 段階の学び方の特徴と授業づくりの工夫

　小学部 1 段階の学習は、精選されたシンプルな手掛かりの提示と、始点・終点の明確な分かりやすい課題設定が重要です。整理された課題の枠組みにより、言葉や事物に注意を向けたり、やりとりを続けたりすることができるようになります。学習環境を整えて刺激を精選し、児童生徒の注意の向きを把握しながら、「子ども」−「教師」−「教材」の関係が成立するよう配慮することが大切です。動作模倣、音声模倣を促すことも、言葉とイメージをつなげる基盤を育みます。また、ものの有無や 3 までの数の大小、多少の理解に向け、「見分ける力」を育てることが重要です。

象徴機能の獲得

　小学部2段階は、言葉やイメージを用いて、言葉によるやり取りや数量の操作を行うことが重要な学習内容です。この段階の重要な発達のステップのひとつとして、**象徴機能を獲得**することが挙げられます。情報を記憶し、言葉や記号に置き換える「象徴化」による理解・表現が可能になります。象徴機能の獲得により、言葉や数詞・数字による理解・表現する力が高まり、想起や見立ての力も高まっていきます。記憶できる情報量も増え、経験に裏付けられたイメージを働かせたり、時間の経過や時制の理解に基づいて物事を捉えたりすることができるようになっていきます。

小学部 2 段階の学び方の特徴と授業づくりの工夫

　小学部 2 段階は、模倣が活発化し、理解・表出できる語が増える段階です。一方で、発語はあるが意味理解が十分に伴っていない、または理解の度合いに比べて伝達や叙述が見られないということも見受けられます。名詞や簡単な動詞を含む言葉と対象を、意味理解とともに対応させる学習を展開する必要があります。また、長さや重さ、広さなどの言葉の理解が進み、数量の捉えの基礎的内容を扱う段階でもあります。思い浮かべた事柄をイラストや言語で表現すること、時間の経過を捉えること、文字や数字を用いた理解、表現を扱うことなどが、2 段階の重要な学習内容です。

小学部3段階～中学部1・2段階の学習の Key Point

抽象的思考と情報処理能力の向上

　小学部3段階以降は、自分のイメージや思いを具体化し、他者と共有しながら、新たな表現や数量の操作の方法を学習することが重要な内容です。この段階では、**言葉を概念として捉え、思考すること**ができるようになっていきます。また、**複数の情報を同時に、また継次的に処理する力**が高まっていきます。場面や時間をつなげて出来事を理解し、表現すること、身の回りにある事象を数量やデータで分類・整理することができるようになっていきます。他者と考えを共有し、新しい考えを生み出すこと、情報と情報を関連させて言葉でまとめることも、この段階の重要なステップです。

※おにぎりが
穴に落ちる設定

小学部3段階、中学部1・2段階の学び方の特徴と授業づくりの工夫

　小学部3段階以降の学習は、言葉を組み合わせて事物や事柄を表現することや、抽象的な思考を働かせることができるようになる段階です。しかし、児童生徒によっては、イメージと言葉をつなげることや、複数の情報を時系列に沿って整理することが苦手なことがあります。例えば、物語文を扱う際は、場面のつながりや展開がわかりやすい教材を扱うこと、読み取る情報を視覚化し、具体的な操作を通して意味理解できるようにすることが必要です。

他者の気持ちや考えへの気付き

　国語の内容として示される気持ちや他者意図、心情理解や表現に関する学習には、**他者と注意を共同**すること、心の動きを表す言葉の表現を学ぶこと、**他者の表情や視線を参照**すること、**他者が気持ちや考えをもっている**ことを理解すること、状況に応じて他者の気持ちを推測することなど、いくつかの発達的基盤が関連しています。これらの学習内容を扱う際は、その背景にある発達の力や児童生徒個々の捉え方の特徴を踏まえることが大切です。

気持ちや他者意図、心情理解に関する授業づくりの工夫

　気持ちや他者意図、心情理解に関する学習内容は、段階ごとの学び方や発達的側面の見とりに応じて題材化する必要があります。特に、気持ちを表す形容詞や動詞の表現を扱う小学部２段階の学習では、人物の表情や動作など、細部に注目して言葉と対応できるようにし、簡単な心的表現の意味理解を促す必要があります。また物語文の登場人物の行動や様子について読み取る小学部３段階の学習では、場面ごとの登場人物の様子を、時系列に沿って言葉で捉えられるように構造化することや、劇遊びなどで他者視点を取り入れることなどで理解が深まっていきます。中学部１段階以降の学習内容では、複雑な場面や抽象的表現を視覚化、対象化し、操作したり、動作で表したりすること、自分の経験に基づいて心的表現を用い、語彙を広げていくことが重要です。

小学部・中学部の各段階における学び方に応じた授業づくりチェックポイント

	小学部1段階	チェック
STEP 1	単純な感覚（触感覚、聴覚、視覚）的な手掛かりを精選して提示する。	
	感覚を活用して活動の「はじめ」と「終わり」を理解できるようにする。	
STEP 2	言葉と対象に注意を向けられるようにし、言葉の聞き分け、事物の見分けを促す。	
	児童生徒が発声可能な音や言葉を使って、音声模倣を促す。	
STEP 3	イラストや映像と言葉を対応して動詞を扱い、単純な出来事や状態を表す言葉を理解できるようにする。	
	言葉（発声）に加え、具体物やイラスト等、身振りや指差しなどで気持ちを伝える場面設定を工夫する。	

	小学部2段階	チェック
STEP 1	絵や写真の細部に注目し、人の行動や事物の特徴を見分ける活動を工夫する。	
	簡単な言葉、身振りや絵や写真、イラストを用いて要求を伝えたり、質問に答えたりする活動を設定する。	
STEP 2	2〜4語で構成された指示や文を理解できるよう、主語と述語、気持ちを表す表現などの聞き取りや読み取りができる教材を扱う。	
	ペープサートなどを用いて絵本の展開や状況を視覚化し、言葉を対応させて理解できるようにする。	
STEP 3	身近なことや簡単な内容の絵本などを題材に、思い浮かべたことと言葉を結び付けて理解、表現できるようにする。	
	登場人物の行動や場面の様子、映像や写真など、読み取るべき情報の細部に注目し、言葉を組み合わせて表現する活動を設定する。	

	小学部3段階	チェック
STEP 1	経験や考えを想起しやすいよう視覚支援を行い、イメージしたことの言語化を促す。	
	行動や心情を表す絵や文の記述に焦点を当て、読み取りを促す工夫を行う。	
STEP 2	主語と述語、気持ちを表す表現などの聞き取りや読み取りができるよう、2〜4語で構成された指示や文を含む教材を扱う。	
	絵本の展開や経験したことなどを視覚化、構造化し、言葉を対応させて内容のおおよそを捉えられるようにする。	
STEP 3	身近なことや簡単な内容の絵本などを題材に、内容のおおよそを言葉でまとめたり、時系列を整理したりする活動を設定する。	
	簡単な展開がある絵本などを扱い、2つの場面を見比べて登場人物の様子や行動の違いを考え、イメージしたことを言葉で表現するなどの活動を行う。	

中学部1段階・2段階	チェック
伝え合う、話し合う活動を通して、他者の考えを取り入れるとともに、分かりやすい表現や内容の構成を検討するなど、言葉の働き、使い方に注目できる課題設定をする。	
視覚情報を活用しながら、複数の情報の関連を考える、物事の因果を捉える、推測するなど思考を働かせながら言葉を用いる課題設定をする。	
情報を視覚化、焦点化し、情報同士の関係を整理したり、中心となる情報を捉えたりできるようにする。	

コラム④ 知的障害のある児童生徒にとっての「評価」

　知的障害のある児童生徒にとって、主体的で深い学びを創出し学習評価をすることに、戸惑っている先生方も多いのではないでしょうか。

　知的障害の教育では、学習指導要領が示すように学習上の特性として、以下のように示されています。

　学習によって得た知識や技能が断片的になりやすく、実際の生活の場面の中で生かすことが難しいことが挙げられる。そのため、実際の生活場面に即しながら、繰り返して学習することにより、必要な知識や技能を身に付けられるようにする継続的、段階的な指導が重要となる。(特別支援学校学習指導要領解説各教科等編(小学部・中学部)(平成30年3月))

　故に、コラム①のように、知的障害の教育課程は、2重構造の教育課程を編成していることが多く、各教科等を合わせた指導における指導計画の立案や学習評価において、どのように評価していくのか、とても悩ましいところです。

　知的障害教育の場合、「活動」と「実践」、「教科の指導内容」と3つの視点で捉えることが大切だと考えています。つまり、指導形態(教科別の指導、各教科等合わせた指導等)に含まれる活動で、知的障害のある子どもたちの繰り返される主体的な実践に気付き、その中に、教科の指導内容がどれだけ含まれているのか、評価することが重要です。

　もちろん、その指導形態の中での単元目標(題材目標)に対する評価が大切であることは大前提となります。

活動
(指導形態：生活単元学習、作業学習など)

実践
(実際に子どもたちが、主体的にしている活動)

教科の指導内容
(指導計画として、○○さんは□□できるといいな)

教科の指導内容
(指導計画として、○○さんは◇◇できるといいな)

教科の指導内容
(○○さんは、△△の活動をしている時に、□□できていたね)

単元のテーマを中心としながらも、各教科の指導内容を指導計画に盛り込む

実際の具体的な子どもの表れに含まれる「教科の指導内容」を評価する

ラーニングマップの活用事例

第5章　ラーニングマップの活用事例

本章では、ラーニングマップを活用した3つの実践事例を紹介します。

学習目標の設定、活動内容の選定、単元の展開や支援、学習評価の検討過程におけるラーニングマップの活用について、実践事例を挙げながらその手順を解説します。

最初の実践は、小学部国語科1段階の目標・内容を扱った実践です。小学部1段階の重要な学習である、「自分の思いや要求を表す」ことに関する学習過程を紹介します。発達初期の児童生徒が言葉の働きや使い方について学びを深める単元です。

1　実践事例①　小学部国語科（1段階）の実践

(1) 事例児童（Aさん）のプロフィール

　(i)　　学年　　特別支援学校小学部1年生
　(ii)　　診断　　自閉性スペクトラム症　知的障害

(2) ラーニングマップを用いた国語の実態把握

ラーニングマップを用いて実態把握した、Aさんの国語における学習状況を**図5−1**に示します。Aさんの学習状況から評定した国語の各指導領域における段階とSTEPは、**表5−1**の通りです。

表5−1　ラーニングマップを用いて評定した児童の段階とSTEP

思考力、判断力、表現力等の領域	段　階	STEP
聞くこと・話すこと	1段階	STEP 2
書くこと	2段階	STEP 2
読むこと	1段階	STEP 2

ラーニングマップを用いた実態把握から、Aさんの国語における現在の学習状況と課題を整理します。

言葉と対象の対応関係は成立しており、また言葉を使うことで相手に変化がある（伝達や要求の機能がある）ことの理解も芽生えつつあります。興味のある絵本を介した教師とのやりとりができつつあり、簡単な音声模倣、動作模倣が見られてきています。音声模倣や動作模倣をより安定してできるようにし、名詞に加えて動詞の理解を促すとともに、シンボルや絵、写真を用いて伝えることができるようにすることが課題です。

各指導領域の実態と課題を抜粋して整理すると、以下のような構造で整理できます。

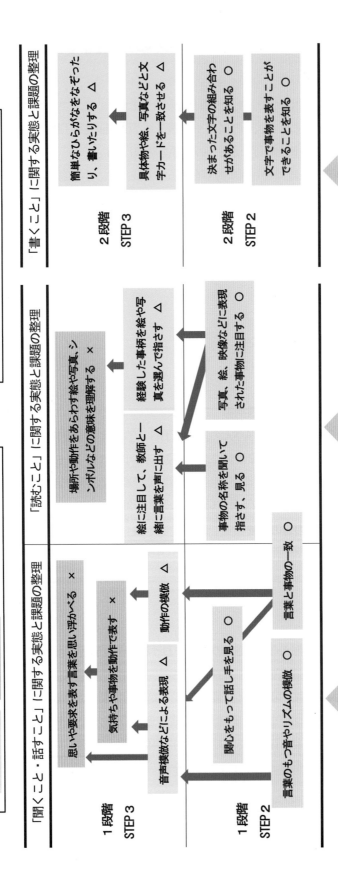

今、できている事柄

これから課題となる事柄

「書くこと」に関する実態と課題の整理

2段階 STEP 3
- 簡単なひらがなをなぞったり、書いたりする △
- 具体物や絵、写真などと文字カードを一致させる △

2段階 STEP 2
- 決まった文字の組み合わせがあることを知る ○
- 文字で事物を表すことができることを知る ○

「読むこと」に関する実態と課題の整理

- 場所や動作をあらわす絵や写真、シンボルなどの意味を理解する ×
- 経験した事柄を絵や写真を選んで理解する △
- 絵に注目して、教師と一緒に言葉を声に出す △
- 写真、絵、映像などに表現された事物に注目する ○
- 事物の名称を聞いて指さす、見る ○

「聞くこと・話すこと」に関する実態と課題の整理

1段階 STEP 3
- 思いや要求を表す言葉を思い浮かべる ×
- 気持ちや事物を動作で表す ×
- 動作の模倣 △
- 音声模倣などによる表現 △

1段階 STEP 2
- 関心をもって話し手を見る ○
- 言葉と事物の一致 ○
- 言葉のもつ音やリズムの模倣 ○

発達の状況とその特徴

興味のある絵本や教材を扱うと、注意を維持して活動に取り組む。一方、教材と他者、双方に注意を向けること、意図をもって相互交渉を継続することが課題として挙げられる。また、活動の終点が不明瞭であると、次の活動に移れなかったり、活動を継続できなかったりすることがある。

学習状況とその特徴

興味のあるものと、言葉（名称）を一致させて捉えることができている。一方で、他者の模倣をすること、身振りや言葉、イラストなどを用いて他者に意図伝達することが課題として挙げられる。文字に興味があり、簡単なひらがなを捉えること、なぞり書きすること、なぞって読んで意味を捉えることが得意である。

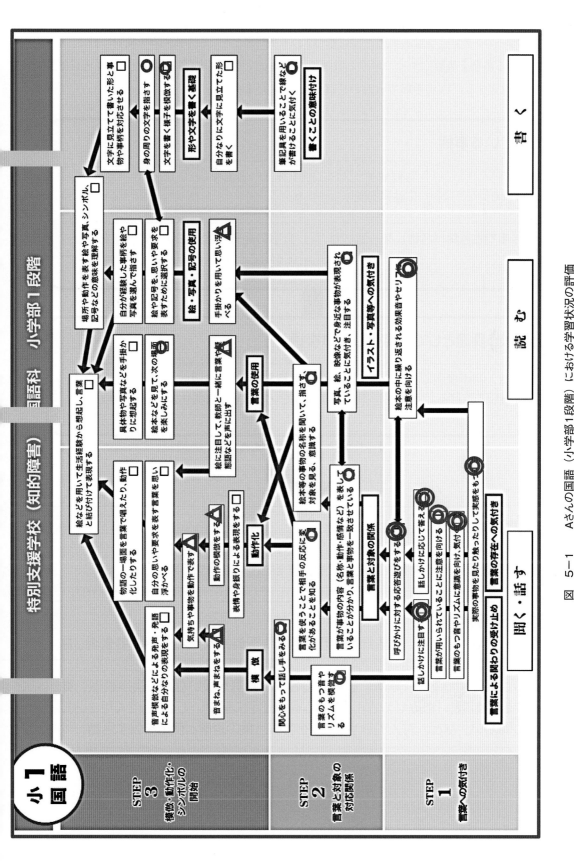

図 5−1　Aさんの国語（小学部1段階）における学習状況の評価

(3) ラーニングマップを用いた国語の授業づくり 「学習目標と主たる活動内容の検討」

　Aさんのラーニングマップによる実態把握に基づき、単元目標と主たる活動内容を検討しました。

　今できている事柄を基盤として、これから課題として扱いたい教科の内容を焦点化し、単元目標と活動内容を設定する、という手順で検討の具体化を図っています。

今できている事柄

写真やイラストに注目したり、話し手に注意を向けたりする。

身近な事物と言葉（名称）を一致させている。

文字の組み合わせによって事物を表していることが分かる。

単元で扱う課題として焦点化したい事柄

動作模倣、音声模倣によって自発的な表現を広げる。

他者に気持ちを伝えるために、意図をもって言葉や写真、イラスト、身振りなどを用いる。

単元目標
・「自分の思いや要求を表す言葉を思い浮かべること」に関する事柄
・「絵や記号を思いや要求を表すために選択すること」に関する事柄

選定した活動内容
・言葉と対象が対応している語彙を、音声言語や写真、イラストによって表現しながら教師とやりとりする活動
・Aさんが興味関心を抱く絵本に登場する名詞や動詞を扱いながら音声模倣、動作模倣を促すこと、「おみせやさん」という場の設定に基づいて「〇〇をください」、「なにがほしい」など、対人的なやりとりを含む言葉の理解と使用を促す活動

(4) 単元の展開と指導計画の検討

　ラーニングマップから、系統性、発達の段階性を考慮し、単元の展開と指導計画を検討しました。単元は、Aさんが興味のある絵本に登場する事物の名称とイラスト、文字を対応させる活動を基盤として、「○○をください」という教師とのやりとりを含む活動、場をお店屋さんに見立て、「どれにしますか」など疑問詞を含む言葉を理解、使用してやりとりをする活動などで構成することとしました。音声言語や動作模倣から対人的な相互交渉のある言語活動へ幅を広げる工夫を検討しました。

1次	事物の名称とイラスト、文字の対応	『おみせはなあに?』（使用する絵本）に登場するイラストと名称、文字カードを対応させる活動

2次 3次	言葉、イラストを用いた要求、応答	ごっこ遊びに見立て、イラストを指差したり、言葉で伝えたりして要求、応答する活動

(5) 単元で扱う教材と支援の検討

　単元目標と主たる活動内容、単元の展開と指導計画の検討を受け、教材と支援について検討しました。教材は、Aさんが興味をもっている絵本で、身近な事物が登場し、活動のフォーマットが分かりやすくごっこあそびに発展させられる『おみせはなあに?』（土田義晴　PHP研究所）を選択しました。事物と音声言語、文字を対応させやすいよう、提示する言葉掛けを最小限にし、Aさんが注意を維持しやすいよう提示するイラストを精選しました。Aさんは取り組み方や活動量が視覚的に分かりやすい活動に主体的に取り組むことができるため、活動の区切りを視覚的に示しやすい教材を作成しました。事物のイラストと文字を対応させる活動では、イラストと文字カードを当てはめる枠を用意する、活動の終了を示す文字が提示されたら学習を終えることを事前に伝えるなど、活動の始点と終点を明示することを重要視しました。また、「○○をください」、「どれにしますか」など、動詞や疑問詞などを含む2語連鎖文の理解を促すため、身振りやモデリングをし、徐々に支援をフェイドアウトするなどの工夫を検討しました。

　絵本に登場するイラスト、教師の言葉や働きかけに注意を向けられるよう、学習環境を整えて場を設定するようにしています。学習内容の順番や進め方を視覚的に理解できるよう、教材の提示の仕方の工夫を検討し、単元で扱う教材や支援についてまとめました。

(6) 学習指導案と学習過程

（1）　単元名　　「おみせはなあに?」

（2）　指導期間　令和〇年△月△日～令和〇年□月□日　（計8時間）

（3）　学習集団　Aさん（小学部2年）　1名

（4）　単元目標

・教師の話し掛けを聞き、言葉が表す事物と文字、イラストを一致させることができる。小学部1段階　知識及び技能ア（ア））

・身近な教師からの言葉による問い掛けに、イラストや言葉を用いて応じ、表現することができる。（小学部1段階　思考力、判断力、表現力等　A聞くこと・話すこと　ア、イ）

・言葉で表すことやそのよさを感じ、言葉を使おうとする。（小学部1段階　学びに向かう力、人間性等）

（5）　単元の指導計画と支援

単元の展開

	学習問題　〇主たる学習活動	・支援　※評価
1次	名前はなに?どの絵かな? 〇「絵・名称・文字の対応」 　絵本に登場する身近なイラストと名称、文字カードを対応させて、言葉で表現する。	・活動の始点と終点を明確化するため、イラストと文字カードを当てはめる枠を用意する。 ※言葉が事物を表すことに気付く（知識・技能）
2次	どれがほしい?よく聞いて、よく見よう 〇「イラストを介したやりとり」 　教師の「〇〇をください。」「何にしますか。」などの言葉掛けを聞いて、イラストの中から正しいものやほしいものを選ぶなどして、教師とやりとりする。	・注意の維持と焦点化を促す言葉掛け、視覚刺激を精選する。 ・教師とのやりとりのフォーマットを決め、児童からの表現を促進する。 ・身振りやモデリングを提示する。 ※話し掛けに注目し、応じて答える。（思考力・判断力・表現力） ※伝えたいことを思い浮かべ、音声やイラストで表現する。（思考力・判断力・表現力）
3次	言葉で伝えられるかな? 〇「見立て遊びを通したやりとり」 　場をお店屋さんに見立て、教師の「何にしますか。」という言葉掛けに対して、言葉や文字カードを使って要求を伝達する。	・教師とのやりとりのフォーマットを決め、児童からの表現を促進する。 ・要求伝達を促すイラスト・文字カードの使用 ※伝えたいことを思い浮かべ、音声やイラストで表現する。（思考力・判断力・表現力） ※言葉で伝えるよさに気付く。（主体的に学習に取り組む態度）

学習過程

	学習の様子
1次	興味のある絵本、イラストを中心に扱い、なじみのある言葉とイラストを正しく対応させる活動に取り組んだ。　なじみの少ない語を徐々に扱い、理解できる言葉を広げる学習を行った。
2次	「○○をください。」の言葉掛けの意味を理解することができず、イラストを介したやりとりが成立しにくい状況があった。　活動の始点と終点を理解してやりとりが継続できるようになり、教師に応じてイラストを介したやりとりが安定して見られるようになった。
3次	「ほしいものは何?」の言葉掛けに応じて、自分のほしいイラストを要求することが難しかった。　文字カードを手掛かりにすることで、言葉で教師に要求する言語行動が安定して見られるようになった。

(7) 実践事例①のまとめと考察

　本単元で扱った学習目標と活動は、ラーニングマップの小学部１段階 STEP 2 ～ STEP 3 に対応する内容でした。小学部１段階 STEP 2 は、外界の刺激を見分ける、聞き分けることで事物と言葉を一致させることが課題となる段階です。三項関係が成立し、ものを介した基礎的な学習に言葉を付随させることが重要となります。また、STEP 3 は、音声模倣や動作模倣を基礎とし、言葉や身振りによる思いや要求の表現が可能となる段階であり、初期的なシンボルの理解と活用も可能となります。本単元は、身近な事物と言葉の対応関係を基礎に、「○○をください」、「なにがほしい」など、言葉による対人的なやりとり、言葉の働きの理解を深める学習内容の展開を計画しました。

　児童のこれまでの実態から、生活場面において指差しや具体物の提示、簡単な言葉による要求行動が見られるようになっており、言葉の働きや使い方の理解を深めることが学習場面、生活場面に大きく寄与すると考えました。また、児童が絵本に興味をもち、絵本に登場する名詞の理解が深まっているため、見立て遊びの中で動詞を含む対人的な要求と応答を行う活動の工夫を計画しました。

　単元における学習状況を評価すると、本実践においては、言葉と対象の対応関係に関連する学習内容を土台に、言葉を用いた意図伝達によるやりとりに関する学習目標を達成することにつながったと言えます。小学部１段階の学習内容を学ぶ児童にとって、興味のある教材の選定、教材の提示や発問、称賛の仕方など課題の流れを統一すること、課題の始点と終点の明示化、視覚・聴覚刺激を精選することなどが有効であったと言えます。これらの教師の実践上の工夫が、児童の主体的な取り組みと教師との言葉によるやりとりを促進したと考えられます。児童にとって課題となっていた、他者への意図伝達を目的とした言葉の働きと使い方の理解が推し進められたと言えます。

　また、単元を通して、児童が教師の働きかけに注意を向け、言葉や動作を模倣しようとする様子が明確に見られるようになってきました。自分の興味あるものに、自分のペースで向かうことが多い現在の実態から、支援者の働きかけに合わせようとする力が育ってきたと評価しています。授業におけるやりとり場面を通して、他者の言葉や働きかけを参照しようとするなど、児童の学び方の変化が見られたと考えています。

<小学部１段階の児童生徒の「学び方」について>

　小学部１段階の目標・内容を学ぶ児童生徒は、体験的な活動を積み重ね、学びを深めていきます。気付いてほしい言葉や事物に注意を維持し、また他者（教師）からの働き掛けを受けとめることができるような授業づくりの工夫が必須です。刺激を精選し、活動や展開をシンプルにすること、インストラクションを明確にし、活動の「はじめ」と「終わり」を児童生徒が理解できる形で示すことなどが、主体的な取り組みや教師との相互交渉を促進します。児童生徒が分かることやできること、興味関心のある事柄を足場にした授業づくりも大切です。

2　実践事例②　小学部国語科（3段階）の実践

　次の実践は、小学部国語科3段階の目標・内容を扱った実践です。いくつかの方略を用いて絵本の読解を深めることに関する学習過程を紹介します。言葉とイメージをつなげること、場面やできごとの大体を捉えることについて、学びを深める単元です。時系列に沿って出来事を理解し、物語の全体像を理解することについて、児童の実態や学び方を踏まえて単元構成や支援を工夫しています。

(1) 事例児童（Bさん）のプロフィール

　(ⅰ)　　学年　　　特別支援学校小学部3年生

　(ⅱ)　　診断　　　ADHD　知的障害

(2) ラーニングマップを用いた国語の実態把握

　ラーニングマップを用いて実態把握した、Bさんの国語における学習状況を**図5-2**に示します。Aさんの学習状況から評定した国語の各指導領域における段階とSTEPは、**表5-2**の通りです。

表5-2　ラーニングマップを用いて評定した児童の段階とSTEP

思考力、判断力、表現力等の領域	段　階	STEP
聞くこと・話すこと	3段階	STEP 1
書くこと	3段階	STEP 1
読むこと	3段階	STEP 1

　ラーニングマップを用いた実態把握から、Bさんの国語における現在の学習状況と課題を整理します。

　経験したことやイメージを言葉と結び付けて表現、理解することはできており、日常生活において言葉を使用して他者とやりとりをすることはできています。簡単な展開の絵本を読み、行動や気持ちを表す言葉を用いて感じたことを表現することなどもできつつあります。絵本の内容全体のおおよそを捉えたり、日常生活で経験したことを時系列に沿って整理し、話したりすることが課題です。出来事や物語の内容をまとまりとして捉えて理解、表現することが聞くこと、話すこと、読むことに共通して課題となる事柄です。

　国語における実態と関連して、家庭や学校で、自分が好きなことができない、課題が難しく達成できない、などの場面で情動が高まり、気持ちをコントロールすることが難しくなることが見られます。教師が出来事を時系列に整理し、気持ちを言語化することで気持ちを切り替えることができるようになりつつあり、また情緒を乱す前に気持ちをコントロールする様子も見られています。

　各指導領域の実態と課題を抜粋して整理すると、以下のような構造で整理できます。

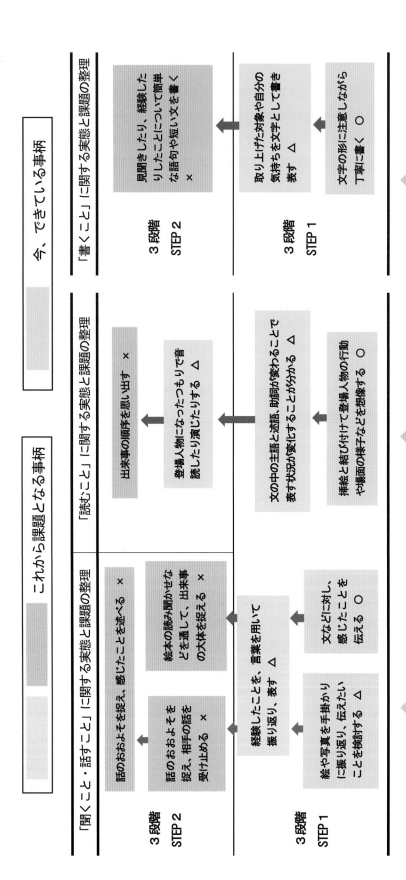

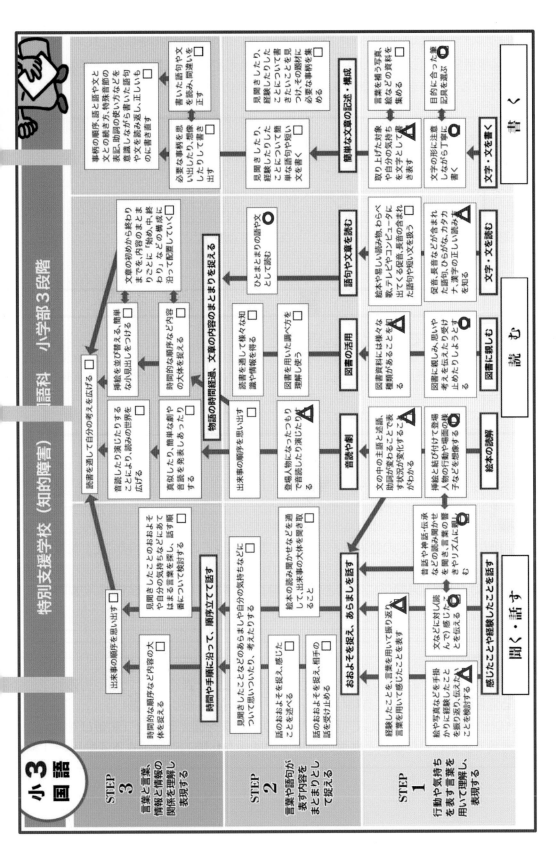

図5－2　Bさんの国語（小学部3段階）における学習状況の評価

(3) ラーニングマップを用いた国語の授業づくり 「学習目標と主たる活動内容の検討」

　Bさんのラーニングマップによる実態把握に基づき、単元目標と主たる活動内容を検討しました。

　今できている事柄を基盤として、これから課題として扱いたい教科の内容を焦点化し、単元目標と活動内容を設定する、という手順で検討の具体化を図っています。

今できている事柄

> 場面を見比べて、登場人物の様子や行動の違いに気付く。

> 挿絵と結び付けて登場人物の行動や場面の様子を想像する。

> 文を読んで感じたことを伝える。

単元で扱う課題として焦点化したい事柄

> 絵本の読み聞かせを通して、出来事の大体を聞き取る。

> 登場人物になったつもりで音読したり演じたりする。

単元目標

・「絵を手掛かりに場面ごとの登場人物の行動を読み取って違いを比べること」に関する事柄
・「場面のつながりや因果関係に気付き、出来事の順序を正しく捉えること」に関する事柄

選定した活動内容

・登場人物の行動を表す挿絵の細部に注目し、その様子を表す動詞や形容詞の表現をする活動（読み聞かせにあわせて、ペープサートを操作する活動）
・場面での出来事をまとまりとして捉え、物語の全体像を捉える活動（劇遊びを通して、言葉で表現された事柄と場面の出来事の関係を体験的に理解する活動）

(4) 単元の展開と指導計画の検討

　ラーニングマップから、系統性、発達の段階性を考慮し、単元の展開と指導計画を検討しました。物語の内容が平易で、出来事の順序が分かりやすく、繰り返しの表現が含まれる物語について、場面を区切って「誰が」「何をした」かが理解しやすいように視覚的な支援や操作的な活動を取り入れて単元を展開することとしました。Bさんは視覚、聴覚によって捉えた情報を部分的、断片的に捉えることがあるため、登場人物のイラストを物語の背景画の中で操作したり、劇遊びで表現したりする活動を取り入れ、読み聞かせの内容やセリフと対応させて読解を深める単元の展開を検討しました。さらに、物語の読解の仕方を学び、他の物語を読む力として活用できるかどうかを評価するために、単元の最後に、これまでBさんが読んだことのない絵本を読むことにしました。

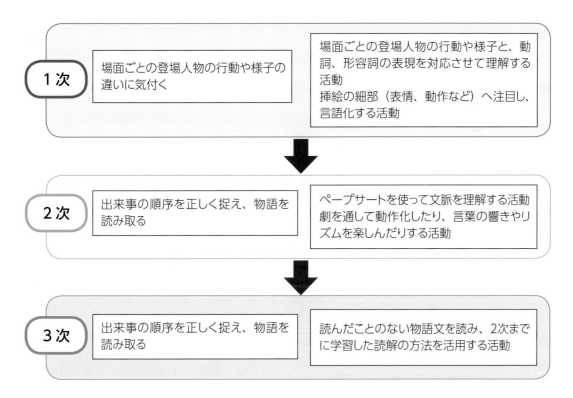

(5) 単元で扱う教材と支援の検討

　単元目標と主たる活動内容、単元の展開と指導計画の検討を受け、教材と支援について検討しました。教材は、文部科学省著作教科書（こくご☆☆☆）の『おじいさんとねずみのおはなし』を選択しました。Bさんは、目にした挿絵や、教師が読んだ文章、セリフなど、一部分の情報から理解することができますが、物語全体の展開を時系列に沿って理解することが課題となります。物語に登場する場面の背景画を1枚にまとめ、その中でペープサートを操作する教材を用意することで、物語の展開を視覚化し、操作しながら物語の読解を深められるようにしました。また、登場人物になりきって劇遊びに取り組み、実際に動作化することで、言葉や語句の意味理解を適切に行えるようにしました。最後に、題材で学んだ物語の読解を他の絵本でも行うことができるよう『うさぎとかめ』の読み聞かせを行いました。

(6) 学習指導案と学習過程

(1)　単元名　　　なりきって読んでみよう「おじいさんとねずみのおはなし」

(2)　指導期間　令和○年△月△日〜令和○年□月□日　（計8時間）

(3)　学習集団　Bさん（小学部3年）を含む3名

(4)　単元目標

- ・文の中の主語と述語の関係に気付き、場面ごとの登場人物の行動の違いに気付くことができる。（小学部3段階　知識及び技能　ア（オ））
- ・出来事の順序や出来事の大体を正しく捉えて、物語の内容を読み取ることができる。（小学部3段階　思考力、判断力、表現力等　C読むこと　イ）
- ・図書に親しみ、思いや考えを表現しようとする。（小学部3段階　学びに向かう力、人間性等）

(5)　単元の指導計画と支援

単元の展開

	学習問題　○主たる学習活動	・支援　※評価
1次	おじいさんは、だれとあった?なにをした? ○「場面ごとの登場人物の行動の理解」 　読み聞かせを聞き、物語全体の流れを理解する。 　ペープサートを操作しながら読解を深め、場面ごとの登場人物の行動、様子、気持ちについて言語化する。	・物語全体のつながりが見える背景画を使用する。 ・ペープサートを用意し、登場人物の行動や様子を視覚化する。 ※言葉が表す物事の内容を理解し、場面の展開に沿ってペープサートを操作する。（知識・技能） ※出来事など話の大体を聞き取り、場面の様子を言語化する。
2次	おじいさんの様子や気持ちを表現するセリフの読み方は? ○「劇遊びによる動作化・出来事の順序の理解」 　劇遊びを通して、動作化して登場人物の様子の理解を深めたり、言葉のリズムを体で表現したりする。	・ペープサートを用意し、登場人物の行動や様子を視覚化する。 ・劇遊びを行い、登場人物の行動や様子を動作化する。 ・挿絵を手掛かりに登場人物の心情を理解する発問を工夫する。 ※挿絵と結び付けて登場人物の様子を想像し、どんなセリフの読み方をすればよいか考え、表現している。（思考力・判断力・表現力） ※登場人物になったつもりで音読したり、演じたりしている。（思考力・判断力・表現力）
3次	登場人物はどんな気持ちかな? ○「児童が読んだことのない本の読解」 　2次とは別の物語の読み聞かせを聞き、場面ごとの登場人物の行動を読み取る。	・挿絵を手掛かりに登場人物の心情を理解する発問を工夫する。 ※場面の展開や出来事の時間的な順序などを捉え、誰が何をしたか言語化する。（思考力・判断力・表現力） ※これまでに読んだことのない図書に親しみ、感じたことを伝え合おうとしている。（主体的に学習に取り組む態度）

学習過程

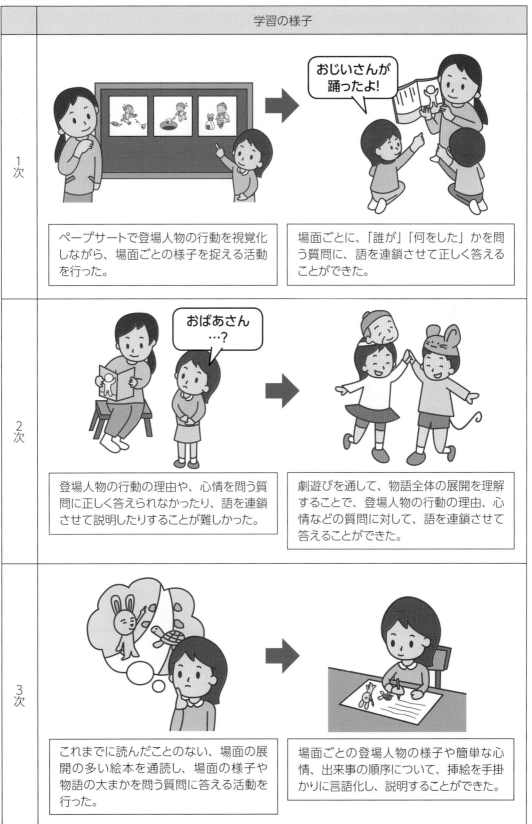

	学習の様子

1次

ペープサートで登場人物の行動を視覚化しながら、場面ごとの様子を捉える活動を行った。

場面ごとに、「誰が」「何をした」かを問う質問に、語を連鎖させて正しく答えることができた。

2次

登場人物の行動の理由や、心情を問う質問に正しく答えられなかったり、語を連鎖させて説明したりすることが難しかった。

劇遊びを通して、物語全体の展開を理解することで、登場人物の行動の理由、心情などの質問に対して、語を連鎖させて答えることができた。

3次

これまでに読んだことのない、場面の展開の多い絵本を通読し、場面の様子や物語の大まかを問う質問に答える活動を行った。

場面ごとの登場人物の様子や簡単な心情、出来事の順序について、挿絵を手掛かりに言語化し、説明することができた。

(7) 実践事例②のまとめと考察

　本単元で扱った学習目標と活動は、ラーニングマップの3段階 STEP 1〜 STEP 2に対応する内容でした。小学部3段階 STEP 1は、場面ごとの登場人物の行動や様子に気付き、言葉で理解し表現することが課題となる段階です。小学部3段階 STEP 2は、話のおおよそや出来事の大体を捉えること、物事の内容をまとまりとして表す言葉の働きに気付くことが課題となります。本単元では、場面ごとの登場人物の行動や様子について、挿絵と言葉によって理解し、場面ごとのつながりや出来事の順序、大体について読解を深めていく学習内容の展開を計画しました。児童のこれまでの実態として、挿絵から得られる視覚的な情報の処理は得意ですが、文字情報の読み取りや、読み聞かせの内容を聞き取る聴覚的な処理が断片的になる様子が見られたことから、登場人物の動きをペープサートで視覚化すること、劇遊びを通して物語の展開に沿って動作化・言語化することで、物語の内容や出来事の順序の理解を深めて読解を進める工夫を計画しました。

　単元における児童の学習状況から、登場人物の動きをペープサートで視覚化すること、劇遊びを通して物語の展開に沿って動作化・言語化することにより、物語の次の展開を理解し、その内容について主語、述語を組み合わせて言語化する様子が見られるようになりました。視覚支援が児童のイメージの形成を助け、物語の読解と言葉による表現の深まりにつながったと考えられます。物語の次の展開を問う質問に対して、正しく言語化できました。また物語の時系列をさかのぼって、登場人物の行動や出来事の経緯を尋ねる質問にも答えることができました。

　これまでに読んだことのない絵本についても、1次、2次で学習した読解の方略を活用して、場面ごとの登場人物の様子を理解し、物語全体の展開の大まかを理解して通読することができました。

<小学部3段階の児童生徒の「学び方」について>

　小学部3段階の中核的な学習内容として、「言葉や語句が表す内容をまとまりとして捉えること」、「言葉と言葉、情報と情報の関係を理解し、表現すること」などが挙げられます。言葉を用いて思考すること、推し量ること、また他者と話し合い、伝え合うことで学びを深めることが可能になる段階です。

　学んだことの理解をより深めるためには、視覚支援や操作的体験的な活動により、言葉とイメージをつなげる必要があります。言葉や語句が意味する内容をイメージとして捉え、言葉で表現しなおす活動、伝えたい内容を吟味して表現する活動など、語句による思考の伴う学習が有効です。

3　実践事例③　小学部算数科（2段階）から中学部数学科（1段階）の実践

　3つ目の実践は、小学部算数科2段階から中学部数学科1段階にかけての、実態差のある学習集団の実践です。「長さ」「かさ」「重さ」などの量的側面に注目し、大小を比較したり、任意の単位に置き換えて表したりすることを目的とした単元です。比較場面において、量的側面のどの属性に着目するか、任意単位をどう活用するかなど、生徒の学習状況に応じた活動の工夫や思考する場面設定を行っています。

（1）事例生徒（Cさん、Dさん）のプロフィール
事例生徒Cさん
（i）　学年　　特別支援学校中学部3年生
（ii）　診断　　知的障害　自閉症
事例生徒Dさん
（i）　学年　　特別支援学校中学部1年生
（ii）　診断　　知的障害

（2）ラーニングマップを用いた数学の実態把握
　ラーニングマップを用いて実態把握した、生徒Cさんと生徒Dさんの数学の「測定」における学習状況を**図5-3-①**と**図5-3-②**に示します。また、生徒Cさんと生徒Dさんの学習状況から評定した数学の各指導領域における段階とSTEPは、**表5-3-①**、**表5-3-②**の通りです。

表5-3-①　ラーニングマップを用いて評定した測定における生徒Cさんの段階とSTEP

領　域	段　階	STEP
測定	小学部3段階	STEP 2
数と計算	中学部1段階	―
図形	小学部3段階	STEP 3
データの活用	中学部1段階	―

表5-3-②　ラーニングマップを用いて評定した測定における生徒Dさんの段階とSTEP

領　域	段　階	STEP
測定	小学部2段階	STEP 2
数と計算	小学部3段階	STEP 1
図形	小学部3段階	STEP 1
データの活用	小学部3段階	STEP 2

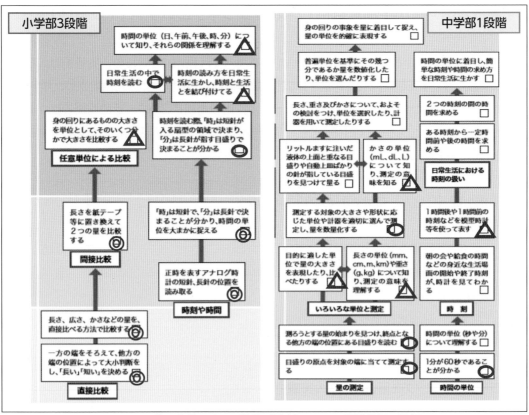

図5−3−①　生徒Cさんの数学（測定）における学習状況の評価

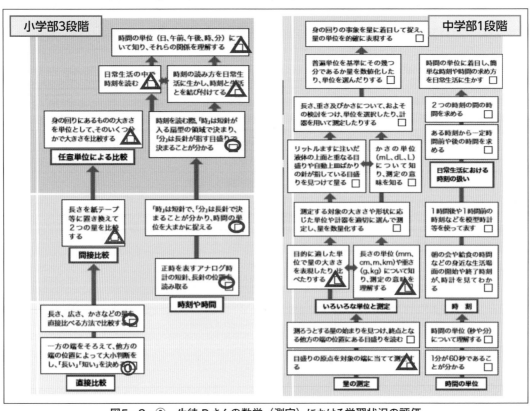

図5−3−②　生徒Dさんの数学（測定）における学習状況の評価

　ラーニングマップを用いた実態把握から、「測定」における生徒Cさんと生徒Dさんの数学における現在の学習状況と課題を、以下のように整理しました。

　生徒Cさんについては、既に小学部3段階までの指導内容である身の回りの物の量や大きさにおいて、「大小・多少の比較」「長さ・高さ」「重さ・広さ」「用語の理解と相対的な比較」「2量の比較の方法の理解」「直接比較」「間接比較」までは、安定して実用場面においても活用することができます。「長さ」については、直接比較できない物の場合、紙テープやひもを用いて長さを置き換えて、置き換えたものを比べて比較することができます。しかしながら、「かさ」や「重さ」では、まだ「間接比較」によって、任意のものに置き換えて比較したり、測定して比較したりすることはできていません。あわせて、生活場面において、見た目から「大きさ」「重さ」「かさ」についておおよその検討をつけることが難しく、量感もまだ育っていない面があります。

【参考】国語実態は、「聞く・話す」小学部3段階 STEP 3、「書く」小学部3段階 STEP 3、「読む」小学部3段階 STEP 2です。
　「感じたことや経験したことを話す」「あらましを話す」「時間や手順に沿って、順序だてて話す」ことは安定して発揮できます。また、「絵本の読解」や「簡単な物語文の内容の理解」をすることができ、「字形を整えながら文字を書く」「見聞きしたことや経験したことから、必要な事柄を集めて、文章にまとめる」ことができます。

　生徒Dさんについては、既に小学部2段階までの指導内容である身の回りの物の量や大きさにおいて、「大小・多少の理解」「長さ・高さ」「重さ・広さ」「用語の理解と相対的な比較」「2量の比較の方法の理解」「直接比較」については、安定的に理解をし、実用場面においても活用することができています。つまり、比較しようとしている属性については、注目して捉えることができ、直接比べる方法であれば、正確に捉えることができるものの、直接比較できない物であった場合、まだ、不確実な場合が多いです。例えば、「机の横と縦とではどちらが長いだろう」といった学習問題については、紙テープに置き換えて比べてみるといった考えや、任意の単位に置き換えて考えるといった考えは浮かばない状況です。

【参考】国語実態は、「聞く・話す」小学部2段階 STEP 2、「書く」小学部3段階 STEP 1、「読む」小学2段階 STEP 2です。
　「ものの名前、動き、感情を表す言葉の理解と使用」「語句と簡単なことがらを結び付けて理解」することはできるものの、「言葉が表す事柄を想起する」ことが難しい。ひらがな文字を書くことはできるものの見聞きしたことを文にしたり、考えをまとめて書いたりすることは難しい。絵本の読解では、絵本にどんな人物がでてくるのかを追うことはできるものの、場面を比べて読み取ったり、物語の進行のあらすじを捉えたりすることは難しい。

(3) ラーニングマップを用いた数学の授業づくり「学習目標と主たる活動内容の検討」

生徒Cさん、生徒Dさんのラーニングマップによる実態把握に基づき、単元目標と主たる活動内容を検討しました。

今できている事柄を基盤として、これから課題として扱いたい教科の内容を焦点化し、単元目標と活動内容を設定するという手順で検討の具体化を図っています。

生徒Cさん・生徒Dさんに共通してできている事柄

「長さ」ならば属性に注目できる	2量について、直接比較ができる	「長さ」「重さ」「大きさ」「かさ」などの言葉の意味が分かる

＜生徒Cさんの学び方＞
思考する力が芽生え始め、繰り返しの体験から学んだことを言葉で表現することができる。また、振り返りを次の学びに結び付けることができてきている。
＜生徒Dさんの学び方＞
具体的な体験から学ぶ力はあるが、他に般化する力はまだ弱い。

単元で扱う課題として焦点化したい事柄

比較場面における「属性」への着目	直接比較から間接比較への発想の切り替え	「長さ」「かさ」の測定の経験と量感の萌芽

単元目標
・「長さ」「かさ」「重さ」などの量を計測することができる
・大小を比較したり、表現したりする
・直接比べることが難しい場面で、任意の単位に置き換えて比較する

選定した活動内容
・属性に適応した測定方法を選択して測定し数値化する
・測ろうとする量の始まりを見つけ、終点となる他方の端の位置にある目盛りを読む
・身の回りにあるものの大きさを単位として、そのいくつ分かで大きさを比較する
・「長さ」や「かさ」についておおよその検討をつける

(4) 単元の展開と指導計画の検討

　ラーニングマップから、系統性、発達の段階性を考慮し、生活場面から教材について検討し単元の展開と指導計画を考えました。単元を通して「どちらが長い?短い?」「どちらが多い?少ない?」を学習問題とし、物の長さや容器に入った水量を比較する活動を基盤として、測定する技術と量感を養い、属性に注目する力や比較した結果を表現する力を養いたいと考えました。

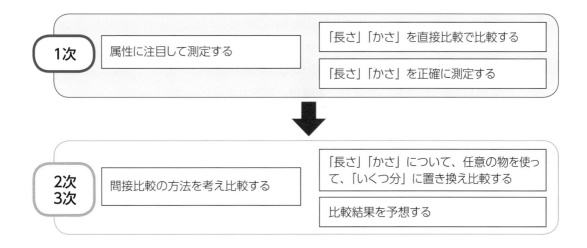

(5) 単元で扱う教材と支援の検討

　単元を通して、生徒 C さん、生徒 D さん共に、「長さ」について、身の回りにあるものとして、鉛筆、色鉛筆、学習机や作業台、給食の配膳台の縦と横の長さ、体育館にある平均台の長さなどを、直接比較を通して、比較したり、測定して数値化して比較したりします。その際、定規やメジャーを使った測定方法を身に付け、長さの視点や終点、基準について着目できるように促します。同時に、「長い」「短い」「こちらの方が 2cm 長い」などの用語を用いて長さに関する量感も養います。「かさ」では、日常生活で使用している、コップや水筒、食器、ペットボトル、花瓶の容器、牛乳パックの容積について計量カップなどを使用しながら測定し、計量カップの目盛りの読み方や、容器ではなく中身の属性に注目できるように促します。あわせて、「多い」「少ない」などの用語を用いながら、「かさ」に関する量感を養います。

　また、生徒 C さんを中心に予想・検証・結果・省察のプロセスで学習を進め、積極的に用語を使用しながら表現するようにします。省察で気づいたことを次時に活かすことができるように、次時の導入を工夫するようにします。生徒 D さんは生徒 C さんと同様に学習を進めますが、基本的には操作的な学習を多く設定し活動から理解できるようにします。

(6) 学習指導案と学習過程

(1) 単元名　　「いろいろな単位と測定」−理由を考えながら比較しよう−

(2) 指導期間　令和○年△月△日〜令和○年□月□日　（計 12 時間）

(3) 学習集団　生徒Ｃさん（中学部3年生）、生徒Ｄさん（中学部1年生）　2名

(4) 単元目標

・「長さ」「かさ」の属性にあった測定方法を考え測定する

（中学部1段階　Ｃ測定　知識及び技能（ア）㋐㋔）

・直接比較することが難しい場面で任意の単位に置き換えて比較する

（小学部3段階　Ｃ測定　思考力、表現力、判断力等（イ）㋐、

中学部1段階　Ｃ測定　思考力、表現力、判断力等（イ）㋐）

・任意の単位（コップ1杯分）を用いて量を捉え表現することの良さに気付く

（中学部1段階　Ｃ測定　学びに向かう力、人間性等（ウ））

(5) 単元の指導計画と支援

単元の展開

	学習問題　○主たる学習活動	・支援　※評価
1次	「長い」のはどちら？「かさ」が多いのはどちら？ ○「直接比較と計測」 　身の回りにあるものの「長さ」と「かさ」を直接比較する 　身の回りにあるものの「長さ」と「かさ」を計測し確かめる	・属性を明確にし、「長さ」や「かさ」などの量を表す用語を使用するようにする ・用語を用いながら、量感を明確に捉えられるようにする ・ワークシートを活用し、測定結果を整理して記入できるようにする ※用語を使用することの良さに気付く（主体的に学習に取り組む態度） ※正確に測る（量る）ことができる（知識・技能）
2次	どうやって比べたら分かる？長いのはどちら？ ○「間接比較」 　直接比較が難しい場合は、どのように比較したらいいか考える	・Ｃさんには、間接比較の方法を、一緒に考え、試行錯誤し失敗や成功の理由を考える ・Ｄさんには、前時や経験した間接比較の方法を提案し、具体的にやってみる ※任意の単位に置き換えることの良さが分かる（主体的に学習に取り組む態度）
3次	どうしたら、多く入る順に並べられる？ ○形の違う3つの容器に入っている中身の量を比べる	・2人で協働して、比較する属性を焦点化し、方法を考えて、結果を出すようにする ※根拠をもって比較して、「長さ」や「かさ」について比較することができる（思考力・判断力・表現力）

学習過程

学習の様子

<table>
<tr><td rowspan="2">1次</td><td colspan="2">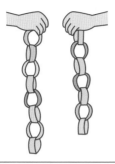 </td></tr>
<tr><td>輪飾りの長さを比べる活動では、輪飾りを手に持ち、持った手の高さをそろえて垂れ下がった反対の端の長さを比べた。</td><td>コップ A とコップ B、どちらがたくさん入るか考えた。コップ B の方が 250ml 入るので、コップ A より 50ml 多く入ることが分かった。</td></tr>
<tr><td rowspan="2">2次</td><td colspan="2">  </td></tr>
<tr><td>教室の縦と横の長さを、教室のマス目に置き換えて数えて、比較した。縦の方が 10 マス多いことが分かった。</td><td>水筒 A と水筒 B、とどちらが多く「水」が入っているか比較した。どうやって比較したらいいかを生徒 C さんが考えて、コップ C を基準に何杯入っているか数え比較した。</td></tr>
<tr><td rowspan="2">3次</td><td colspan="2"></td></tr>
<tr><td colspan="2">水筒 A と水筒 B、ペットボトルでは、どれが多く中身の「水」が入っているか比較した。生徒同士で相談しながら、同じコップを用いて、何杯分入っているか数え、数値化して比較した。
はじめにどちらが、多く入っているか予想を立てたが、生徒 C、生徒 D、どちらも正解することができた。</td></tr>
</table>

（7）実践事例③のまとめと考察

　本単元で扱った学習目標と学習活動は、ラーニングマップから小学部 2 段階算数 C 測定 2 段階 STEP 3 の「2 量の比較の方法の理解」を含みつつ、中核は小学部 3 段階の「直接比較」、「間接比較」、「任意単位による比較」を設定しています。合わせて、学習活動の中で繰り返し、中学部 1 段階の C 測定に含まれる「量の測定」も扱いました。

　生徒 C 生徒 D は生活場面において「長い」「短い」「広い」「狭い」「高い」「低い」「重い」「軽い」「多い」「少ない」などの用語を用いて、2 量を比べることをしています。しかしながら、まだ、属性に不適切な言葉を使ってしまったり、情報が多い場面では、属性に着目できなかったりすることもあります。特に生徒 D については、「長さ」の比較では基準をそろえることや、「かさ」では、容器の形状にとらわれてしまうことが多く、適切に 2 量を比較し判断することが難しいことがあります。

　そこで、本単元では、測定する学習活動を繰り返し設定し身に付けるとともに、「長さ」「かさ」について 2 量を比較して、適切な用語を用いて考察し結果をまとめる学習を繰り返してきました。その中で、学習状況を評価すると、生徒 C では、正確に測定する技術を身に付けつつ、目測と実測との差が少なくなり、量感も養われてきました。併せて、直接比較できないものについては、「長さ」以外でも任意の単位に置き換えることが理解でき、任意単位を数値化し比較することもできるようになりました。他の学習場面である作業学習では材料の長短や「かさ」の量の判断を正確にできる姿がありました。生徒 D は、「長さ」については、属性に着目し基準に注意を払いながら直接比較することができたり、直接比較できない場合でも、紙テープに置き換えて長さを判断することができたりするようになりました。「かさ」では、容器の形状に注意を奪われることが多く、属性に着目することは難しかったです。「長さ」と同様に、コップに置き換えて数値化する間接比較については理解したものの、生徒 C と協働して学習する場面ではできますが、生活場面への般化はまだ難しい様子です。

＜小学部 2 段階 STEP 2 以上の児童生徒の「学び方」について＞

　知的障害のある児童生徒を指導する場合、その学び方には、国語の段階ととても密接な関係があります。特に小学部 2 段階 STEP 2 を境にして、小学部 3 段階以降の児童生徒は、授業の「振り返り」から学ぶ力が付き始めます。経験（「実感」をともなった学びの経験）と「言語化」の経験を繰り返すことで、「知識」になり、別の場面で、その「知識」を主体的に活用できるようになります。つまり、般化が起こりやすくなります。しかしながら、小学部 1 段階から小学部 2 段階 STEP 2 段階くらいの児童生徒たちは、具体的な活動を積み重ねることで学びが蓄積され、具体的な活動を積み重ねることで確実な「学び」になります。学習場面に、教科の内容を使ってほしい場面を設定し、必然的な流れの中で、繰り返し学習することが大切になります。

Column コラム

コラム⑤　「ラーニングマップ」を活用している先生方の声

「ラーニングマップ」を活用している先生方（A 先生：共通理解やファシリテートのツールとして、B 先生：年間指導計画作成の根拠として、C 先生：研修の資料として）からの感想を以下にまとめました。

A 先生（key word：ファシリテート、共通理解、授業改善）

　生活単元学習の授業を考える場面で、学習集団（6 人の児童）の学び方を考える際に、ラーニングマップを用いて、どのような学び方をする子どもたちなのかを考えました。

　すると、先生方の見方は様々でしたが、ラーニングマップを用いて、先生方の捉えている実態を整理していくと、3 人は小学部 1 段階 STEP 3 で、2 人は 2 段階 STEP 2、1 人は 2 段階 STEP 3 と分かりました。

　これまで、言葉で単元や授業の導入を行っていましたが、言葉に加え、前時の活動を取り入れたり、授業の様子を動画で見たり、といった導入方法に授業改善したところ、子どもたちが、既習学習を想起して、自ら「なぜ、こうするの?」「次は、こうしよう!」といった、問いや願いをもって授業に臨めるようになりました。

B 先生（key word：学習到達の把握、年間指導計画作成）

　国語と算数の年間指導計画を立てる際に、学習集団である 2 人の児童の学習の様子を知るために、ラーニングマップを使って、実態を把握しました。ラーニングマップで確認していくと、何ができていて、何がまだできていないのか、学習していないのかが明らかになりました。また、授業では「できる」のに、生活場面では「していない」ことや、生活場面では既に「できている」こともあることが分かりました。

　ラーニングマップからの情報と、生活の様子を参考にして、指導内容と題材や単元を明確にし、次年度の年間指導計画を作成しました。

C 先生（key word：研修の資料、専門性の向上）

　研修主任である C 先生は、校内研修の一環として、ラーニングマップを活用して、知的障害のある児童生徒の国語と算数・数学について、指導する内容について教科研修を設定しました。学習指導要領を熱心に読んでも、なかなか授業改善につながりませんでしたが、指導内容を構造化したラーニングマップを見ることで、発達の側面から、教科の系統性から、授業目標や内容を設定することが、少しずつ可能になり、授業改善につながっています。

引用・参考文献

文部科学省中央教育審議会（2016）「幼稚園、小学校、中学校、高等学校及び特別支援学校の学習指導要領等の改善及び必要な方策等について（答申）」

文部科学省（2018）特別支援学校学習指導要領解説各教科等編（小学部・中学部）

文部科学省中央教育審議会初等中等教育分科会教育課程部会（2019）「児童生徒の学習評価の在り方について（報告）」

笹原雄介・山元薫（2019）「知的障害特別支援学校の校内研究における資質・能力の捉え方と学習評価の実施状況に関する調査」，静岡大学教育実践総合センター紀要（29），pp. 8-15

徳永豊（2014）「障害の重い子どもの目標達成ガイド―授業における「学習到達度チェックリスト」の活用―」，慶應義塾大学出版会

宇佐川浩（2007）「障害児の発達臨床Ⅰ　感覚と運動の高次化からみた子ども理解」，学苑社

宇佐川浩（2007）「障害児の発達臨床Ⅱ　感覚と運動の高次化による発達臨床の実際」，学苑社

山元薫・水野靖弘・野﨑弘之（2018）「知的障害特別支援学校における教育課程の実施状況に関する調査―教育課程を編成する各教科等の配当時間数の変化―」，静岡大学教育実践総合センター紀要（27），pp. 1-9

山元薫・笹原雄介（2019）「知的障害教育における「資質・能力」を育む教科別の指導―学習指導要領の変遷から知的障害教育の教科を読み解く―」，静岡大学教育学部研究報告（教科教育学篇）（51），pp. 83-92

発刊に寄せて

元静岡県立中央特別支援学校校長・元常葉大学教育学部教授　橋田　憲司

　コラム1で述べているように、知的障害教育においては教科等による内容の組織とその内容を扱う授業の組織が必ずしも一致していない。学習指導要領では教育内容を教科・領域別に示しているが、実際の授業は各教科等を合わせた指導形態で行われていることが多い。こうした教育課程の構造に至った経緯とその意図するところを簡単に述べてみたい。

　この教育は、戦後しばらく教科中心の教育に対する否定と肯定の競合を経て、伝統的な各教科による形式では教育内容を適切に選択・組織しがたいと考えるようになった。学習活動も教科別の形態による展開は困難だとされ、生活、情操、生産、健康、言語、数量に分類された通称「6領域案」などが提唱された。

　ところが1963年3月に初めて示された養護学校小学部・中学部学習指導要領精神薄弱教育編では、法的制約もあって小・中学校の教科による分類形式をそのまま採用した。同一の教科名であってもこの教育にふさわしい内容を選択・組織することとした。そして「各教科の全部または一部について、合わせて授業を行うことができる」（学校教育法施行規則）と法的に規定して、指導段階で学習活動を統合化して行えるようにしたのである。その後刊行された学習指導要領解説書では、学習形態として「日常の生活指導」「生活単元学習」「作業を中心とした学習」を解説している。

　1971年には第1次の改訂が行われた。やはり既存の教科によって教育内容を組織化するには無理があるとし、小学部における教科「生活」が新設された。社会、理科、家庭は廃止され、体育の保健に関する内容も移行した。「生活」の設定は教科の概念を下方に著しく拡大した。幼児期の言語や基礎的な数量概念に関するものまで国語や算数の内容とした。また、各教科にとどまらず領域も合わせて授業を行うことができるとして（学校教育法施行規則）、確かな学習活動の統合的展開を期した。解説書では「学習形態」を「指導の形態」に改め、「日常生活の指導」「作業学習」にそれぞれ言い換えた。

　さらに第2次改定（1979年）では、養護学校教育の義務制実施を控えて、障害の更なる重度化に対応する教育内容が選択・組織された。合わせた指導の形態として「遊びの指導」が加えられた。生活単元学習への限界を感じる中で、「遊び」を「学習」として組織することに戸惑いながら試行錯誤が続いた。先の改訂で、教科「生活」とともに新設された領域「養護・訓練」に対する誤解や混乱の修正という課題の解決も意図していた。以後、学習指導要領はおよそ10年ごとに改訂が行われ、今回に至っている。

　学校では教育計画に基づいて決められた指導形態ごとにそれぞれ指導内容を選択している。その際、大いに活用したいのがこのラーニングマップである。教科「国語」「算数・数学」の内容が学習指導要領に即して具体的に系統立てられている。児童生徒の発達段階やそれまでの学習状況を容易に把握できる。その上で指導内容を選択・組織して授業計画を作成することができる。もちろん教科別の学習だけでなく合わせた指導でも活用したい。

その際、単に教科の内容を消化するといった操作的な指導技術に留まらないようにしたい。合わせた指導というが、教科別内容を寄せ集めたようなつぎはぎの指導に陥らないことである。ラーニングマップの活用に当たっては、特に第3章を十分に理解するとともに、合わせた指導の意図するところを再認識して臨みたい。

学校生活での活動は様々な具体的な行為によって成り立っている。教科等に示している内容はその実践行為の中に包含されている。例えば、給食活動は、身支度、手洗い、食器や食品の運搬、配膳、食事作法等々といった一連の行為である。そして配膳という行為の中には、献立や食材などの名称、量の多少やものと数詞との対応など国語や算数の内容も位置づけられる。もちろん日常生活の指導では配膳が優先されるが、ものの名前やものと数詞との関係などは教科別学習の教材としても扱うことができる。同様に作業活動では各工程の中に教科や領域の内容が含まれている。

「合わせて授業を行う」という言い方には本来の趣旨を十分言い当てていないきらいがある。取り出された教科の内容を寄せ集めて指導しても児童らの本来の生活にはならない。生活に即した指導では生活から出発し再度生活に還元してやる必要がある。「生活を、生活によって、生活にまで」という言葉がある。教科別に指導する場合でもこの姿勢を大切にし、題材や指導過程を工夫したい。また、内容の段階的な系統だけでなく生活の広がりという視点も必要である。手洗いは給食時だけでなく、手を汚した時やトイレの後など具体的な場面は様々にある。授業づくりではこのような分析的で複眼的なとらえ方が求められる。評価に当たってもその観点を踏まえた上でラーニングマップが利用できる。評価をエピソードの記録に終わらせないためにもぜひ活用したい。

初めて学習指導要領が示された当時、特殊学級（特別支援学級）では社会適応とか社会自立を標榜して、生活や作業中心の指導が行われていた。卒業生のほとんどは一般企業に就職していった。その頃、青年学級振興法（1999年廃案）に基づいて彼らのための学級を設立した。「ラブレターを書いたけど全部ひらがなだよ。かっこう悪い。」「誰かに手伝ってもらって書いたら。」「もっとかっこう悪いよ。自分で書かなきゃ。」卒業生とのやり取りは、教科の内容をどう指導すべきか考えさせられた。青年学級はこの人たちの生涯学習講座として今も続いている。講座生の中には暑中見舞いと年賀状を欠かさない者もいる。

これまで「合わせた指導」では「わかる・できる」ようになるだけでなく、物事への意欲的な態度や人とのよりよい関わり方なども統合的に培おうとしてきた。そうした積み重ねが生涯学習への積極的な取り組みとともに、人の役に立つ存在でありたい、みんなと一緒に楽しく暮らしたいといった姿勢を支えているように思う。

新学習指導要領では「何を学ぶか」だけでなく、子ども自身が「どのように学ぶか」「何ができるようになるか」という視点が加わった。「主体的・対話的で深い学び」への転換である。この教育がこれまで一貫して求めてきたことと一致していると率直に感じている。「何を」「いつ」「どの程度に」「どういう方法で」指導するかは常に求め続ける課題である。本書の刊行がこうした課題を解決するための一助になることを期待したい。

編著者紹介

山元　薫（やまもと　かおる）
静岡県立御殿場特別支援学校等、静岡県内特別支援学校にて勤務の後、
静岡県総合教育センター総合支援課特別支援班指導主事に就任。
その後、静岡大学教育学部特別支援教育専攻講師を経て、
現在、静岡大学教育学部特別支援教育専攻准教授。

笹原　雄介（ささはら　ゆうすけ）
静岡県立御殿場特別支援学校にて勤務の後、
平成 30 年度から令和元年度、静岡大学教育実践高度化専攻に在籍。
現在、静岡県立富士特別支援学校に勤務。

研究協力校
静岡大学教育学部附属特別支援学校

「エルっとくん」
ラーニングマップのイメージキャラクターです。

イラスト　島田　直人（静岡大学教職大学院）

知的障害のある子どものための
国語、算数・数学
「ラーニングマップ」から学びを創り出そう

2020 年 9 月 4 日　　初版第 1 刷発行
2022 年 11月30日　　初版第 4 刷発行

■編　著　　山元　薫・笹原　雄介
■発行人　　加藤　勝博
■発行所　　株式会社 ジアース教育新社
　　　　　　〒 101-0054　東京都千代田区神田錦町 1-23　宗保第 2 ビル
　　　　　　TEL：03-5282-7183　FAX：03-5282-7892
　　　　　　E-mail：info@kyoikushinsha.co.jp
　　　　　　URL：https://www.kyoikushinsha.co.jp/

■表紙・本文デザイン・イラスト　　土屋図形株式会社
■印刷・製本　　シナノ印刷株式会社
Printed in Japan
ISBN978-4-86371-554-7
定価は表紙に表示してあります。
乱丁・落丁はお取り替えいたします。（禁無断転載）